B. C. J. Lievegoed

Soziale Gestaltung am Beispiel heilpädagogischer Einrichtungen

Eine Vortragsfolge

Info3 ~ Verlag

Herausgegeben von Wolfgang Garvelmann

CIP-Kurztitelaufnahme der Deutschen Bibliothek

Lievegoed, Bernardus C. J..
Soziale Gestaltung am Beispiel heilpädagogischer Einrichtungen :
e. Vortragsfolge / B. C. J. Lievegoed. — 16. - 19. Tsd. — Frankfurt (Main) :
Info-Drei-Verlag, 1990
    Frühere Ausg. im Selbstverl. d. Verf.
    Frühere Ausg. u.d.T.: Lievegoed, Bernardus C. J.:
    Soziale Gestaltungen in der Heilpädagogik
    ISBN 3-924391-04-1

Info3–Verlagsgesellschaft Ramon Brüll und Partner GbR
Kirchgartenstr. 1 · 6000 Frankfurt 50

Inhalt

Biographische Ausgangspunkte
Einführungsvortrag vom 30. März 1970

Man hat mich gebeten, diese Tagung einzuleiten. Ich spreche nicht gern über persönliche biographische Dinge — aber es ist nun einmal danach gefragt worden, darum werde ich es kurz tun. Es nahm das heilpädagogische Institut (Zonnehuis in Zeist/Holland) seinen Anfang 1930–31; ich bin 1930 fertig geworden mit meinem medizinischen Studium, war also praktischer Arzt und suchte mir eine Arbeit innerhalb der anthroposophischen Zusammenhänge. Ich rechnete damit, mich als Hausarzt niederzulassen, aber ich hatte besonders in den letzten Jahren meines Studiums gesehen, wie in den Staatsanstalten Hunderte von Kindern und Erwachsenen herumlungern, in großen Sälen zusammen sind, wohl nett behandelt werden, zu essen bekommen, spazieren geführt werden — wie aber in diesen Jahren — ich spreche von den zwanziger Jahren unseres Jahrhunderts — kaum noch etwas mit den Kindern getan wurde. Mir kam damals schon die Idee, es müsse doch möglich sein, die Kinder nicht zu Anstaltsinsassen zu erziehen, sondern ihnen ein Milieu zu geben, in dem sie in einer bedeutenden Zeit ihres Lebens aufwachsen und sich entwickeln können, wie normale Kinder im Milieu der Familie aufwachsen. Das war eine sehr vage, eine sehr hochmütige Idee, denn überall, wo ich darüber sprach, wurde der Kopf geschüttelt: Das geht ja gar nicht, denn von Staats wegen gehören diese Kinder in staatlich anerkannte Anstalten.

Ich erinnere mich, daß ich einmal mit einer Professorin der Kinderheilkunde — es war die erste Frau, die Professorin der Kinderheilkunde in Amsterdam war, die weltberühmte Kollegin de Lange, es gibt Krankheiten, die nach ihr benannt sind — sprach und sie sagte: ,,Es ist doch schade, daß Sie so etwas machen, Sie können doch Besseres tun. Werden Sie doch Assistent bei mir, Sie können sich dann auf Kinderkrankheiten spezialisieren!'' ,,Ich will aber anderes — auf neuen Wegen!'' Und dann sagte ich ihr: ,,Wir treffen eine Verabredung. Ich mache diese Arbeit, und Sie kommen in vier oder fünf Jahren zu mir, und wenn die Sache dann funktioniert, dann schenken Sie mir ein Freibett!''

Sie ging darauf ein, sie hat es gemacht, und sie hat uns wirklich ein Freibett geschenkt, hat jahrelang für ein Kind bezahlt, das sonst nicht hätte aufgenommen werden können. So waren damals die Verhältnisse noch.

Eines Tages — wieder durch einen ,,Zufall'' — kam ich mit einer der Mög-

7

lichkeiten der Heilpädagogik in Berührung, das war das Haus Bernhard in Jena. In Jena war eine anthroposophische Zusammenkunft; ich war untergebracht in einem Heim für zurückgebliebene Kinder, es war Haus Bernhard, eine Zweigstelle des ersten Lauenstein-Institutes. Lauenstein lag auf der einen Seite Jenas und Haus Bernhard lag auf der anderen Seite. Sonntagnachmittag war auf der Tagung nichts zu tun, und da machte unsere Gruppe die Musik und die Erbauungsstunde mit. Da sah ich, daß es möglich war, anderes zu tun als das, was ich in den Anstalten gesehen hatte, und mein Entschluß war sofort gefaßt. Als dann die Tagung zu Ende ging — der Heilpädagoge Pache war da, da habe ich ihn gefragt: „Glauben Sie, man könne in Holland auch so etwas anfangen?" Da sagte er: „Ja, ohne weiteres — fangen Sie nur an!" Das ist dann auch geschehen. Wir haben begonnen mit einer ganz kleinen Gruppe — mit sechs bis sieben Kindern und fünf Mitarbeitern wurde eröffnet, und so ist dann ein heilpädagogisches Institut entstanden.

Die große Aufgabe der reinen Heilpädagogik, also der Kinderkrankheitenbehandlung, wurde da betrieben, aber schon bald traten auch die großen Probleme der Heimleitung und das Problem der Mitarbeiter in Gemeinschaften auf: Wie gestaltet man eine Gemeinschaft von Menschen, die zusammen an etwas arbeiten? Das war schon Anfang der dreißiger Jahre für mich ein Problem — denn in den Urinstituten in Deutschland war das anders, da waren die großen Gründer da, die hatten ihre Auffassungen darüber, wie man so etwas macht, und so wurde es gemacht. Nun, in Holland ist man doch von Anfang an immer ein wenig anders eingestellt, man ist da schon mehr westlicher Mensch, es ist einfach eine andere Volksart — und da haben wir uns eigentlich schon sofort gesagt, wir müssen doch unsere eigenen Wege finden. Das war am Anfang gar nicht leicht, und so haben wir viele Jahre daran gearbeitet. Besonders kam die Problematik einer wachsenden Organisation hinzu. Denn dieses, was mit sieben Kindern anfing, war nach dem Weltkrieg ausgewachsen zu einem Institut mit über 250 Kindern — einem der größten Institute, die wir der Zahl nach haben, mit Kindern in zwei und allmählich mehreren Häusern.

Man war mit sieben, fünfzehn, dann mit 30 und dann mit 70 und 80 und jetzt mit 190 bis 200 Mitarbeitern zusammen. Und dann wirkt das Gesetz der Zahlen: Was man mit sieben Menschen zusammen noch sehr leicht kann, das muß man üben schon mit fünfzehn. Es geht dann noch manches ohne viele Schwierigkeiten, aber wenn es dann aufwärts geht nach 70 und 80 und nach 120 und wenn es dann an die 200 kommt — da muß man schon ganz neue Formen finden. Und das waren die großen Fragen, vor denen wir standen: Wie gestaltet man im Bewußtseinsseelenzeitalter die Formen des gemeinschaftlichen Zusammenarbeitens so, daß diese Wege dann für die Gruppe angemessen sind? Nun, Sie werden sagen, das kann ich ja bei Rudolf Steiner nachlesen, das brauche ich nicht mehr auszuführen. Es ist aber doch nicht leicht, denn erstens hat Rudolf Steiner darüber selbst sehr wenig gesagt. Am Anfang gab es nur sehr kleine Institute. So war früher selbstverständlich, was später zum Problem wurde. Und weiterhin sprach Dr. Steiner ja immer sehr stark aus der realen Situation heraus – im Heilpädagogischen Kurs sind eigentlich nur die Kinder besprochen worden, die wirklich da waren, wir vermissen z. B. die Mongoloiden und die autistischen Kinder, weil die damals einfach nicht da waren. – So war auch die Heimgestaltung viel mehr ein Problem der Tagesgestaltung für die Kinder, als eines der Heimgestaltung im Sinne des Mitarbeiterzusammenhanges.

Nun, man kann auch auf anderem Gebiete eine Lösung suchen, und für mich hat von Anfang an ein Wort aus der „Philosophie der Freiheit" einen Weg gezeigt. Wie Sie wissen, gibt Rudolf Steiner in dem Kapitel über die moralische Phantasie an, wie diese moralische Phantasie diejenige ist, mit der man nicht gewisse Gedanken der Vergangenheit nachdenkt, sondern mit der man die Wirklichkeit verändern will. Und nun kommt neben dem Schritt, die moralische Phantasie zu entwickeln, das Heutige in ein Zukünftiges zu verwandeln – dazu kommt, wie Dr. Steiner ganz kurz sagt, die Fähigkeit, es so zu tun, daß da das Objekt, mit dem man arbeitet, nicht vergewaltigt wird – ich sage es jetzt ein bißchen verkürzt –, daß dann das Objekt nach seinem eigenen Gesetz umgewandelt wird. Das bedeutet im Sozialen, wenn man im Sozialen handeln will, immer davon auszugehen, daß eine Handlung die Freiheit des anderen nicht beeinträchtigt. Und das nennt Rudolf Steiner „moralische Technik". – Mir ist eines aufgefallen in unseren anthroposophischen Kreisen: Es gibt Herzöge und Könige der Philosophie der Freiheit, sie haben ein Reich um sich herum aufgebaut, und sie arbeiten vor allem die Philosophie der Freiheit aus. Ich habe viele von diesen Kursen mitgemacht, aber ich habe in keinem von diesen Kursen das Wort „moralische Technik" erwähnen hören. Ich habe immer gehört über die moralische Phantasie und über die moralische Intuition usw. – und die moralische Technik wurde eigentlich beiseite geschoben. Doch ist das ungeheuer wichtig. Rudolf Steiner sagt von der moralischen Technik, daß sie die Fähigkeit ist, womit die moralische Phantasie zur Wirklichkeit wird. Dies verlangt eine Technik, es so zu tun, daß die eigene moralische Phantasie, die von mir selbst gewählten Vorstellungen, in der Wirklichkeit so ausgeführt werden, daß damit Rechnung getragen wird den eigenen Gesetzen der Wirklichkeit. Die moralische Technik ist damit eine Sache, die

9

ins Gebiet der Wissenschaft gehört, sie ist lernbar. Und daß die moralische Technik lernbar ist, ja, da darf ich doch einige Sätze vorlesen, die mir nach 50 Jahren noch genauso rätselhaft sind wie damals, als ich sie zum ersten Mal las:

„Die moralische Phantasie muß, um ihre Vorstellung zu verwirklichen, in ein bestimmtes Gebiet von Wahrnehmungen eingreifen. Die Handlung des Menschen schafft keine Wahrnehmungen, sondern prägt die Wahrnehmungen, die bereits vorhanden sind, um, erteilt ihnen eine neue Gestalt. Um ein bestimmtes Wahrnehmungsobjekt oder eine Summe von solchen, einer moralischen Vorstellung gemäß, umbilden zu können, muß man den gesetzmäßigen Inhalt (die bisherige Wirkungsweise, die man neu gestalten oder der man eine neue Richtung geben will) dieses Wahrnehmungsbildes begriffen haben. Man muß ferner den Modus finden, nach dem sich diese Gesetzmäßigkeit in eine neue verwandeln läßt. Dieser Teil der moralischen Wirksamkeit beruht auf Kenntnis der Erscheinungswelt, mit der man es zu tun hat. Er ist also zu suchen in einem Zweige der wissenschaftlichen Erkenntnis überhaupt. Das moralische Handeln setzt also voraus neben dem moralischen Ideenvermögen und der moralischen Phantasie die Fähigkeit, die Welt der Wahrnehmungen umzuformen, ohne ihren naturgesetzlichen Zusammenhang zu durchbrechen. Diese Fähigkeit ist moralische Technik. Sie ist in dem Sinne lernbar, wie Wissenschaft überhaupt lernbar ist. Im allgemeinen sind Menschen nämlich geeigneter, die Begriffe für die schon fertige Welt zu finden, als produktiv aus der Phantasie die noch nicht vorhandenen zukünftigen Handlungen zu bestimmen." (Die Philosophie der Freiheit, GA 4, Rudolf Steiner Verlag Dornach)

Es geht also um die Welt der Handlungen, um die Welt der Umgestaltung. Um die Wahrnehmungswelt, wie man sie vorfindet, und um die Fähigkeit, so zu wirken, daß man sehr wacht über die Gesetzmäßigkeit desjenigen, womit man arbeitet, ohne es zu vergewaltigen. Das ist etwas, das man auch in Schillers „Ästhetischen Briefen" findet: Der Spieltrieb, der den Gedanken aus dem Formtrieb so in die stoffliche Welt hineinführt, daß deren Gesetze nicht verwirrt werden, und der in ein Gebiet erhoben wird, wo durch den Spieltrieb das Künstlerische entsteht. Wenn man dies auf das Soziale anwendet, dann wird die Bildung von sozialen Gemeinschaften etwas, was zu dem Gebiet des Schillerschen Spieltriebes gehört, im höchsten Sinne: Der Mensch spielt dort, wo er wirklich Mensch ist, und er ist Mensch, wo er spielt. Diese soziale schöpferische Tätigkeit, diese Fähigkeit, nicht nur zu denken, sondern auch zu verwirklichen — dazwischen steht die moralische Technik.

Dabei ist mir schon sehr früh, eigentlich schon sofort, als ich zum ersten

Mal versucht habe, mich da durchzuackern, dieser Satz, den ich aus der Philosophie der Freiheit erwähnt habe, aufgefallen: Das geht mich an! Vieles von dem ersten Teil habe ich erlebt als etwas, was ich als braver Schüler lernen mußte, wie man auf der Schule auch manchmal langweilige Dinge lernen mußte — das hat mir wenig zugesagt —, aber dieser Teil sprang gleichsam dickgedruckt hervor, und ich dachte: Ja, das ist ganz, was du suchst, das ist deine Lebensaufgabe. Nun, damit ist eigentlich diese moralische Technik gleichgestellt worden einem Teil der heilpädagogischen Arbeit. In einem Bereich ging es um die Kinder, Krankheiten, Heilmittel erkennen, die Tagesgestaltung — aber für die Mitarbeiterschaft ist die eigentliche Aufgabe: Wie kann ich die moralische Technik entwickeln, die es möglich macht, immer neue, der Situation angepaßte soziale Formen der Organisation zu suchen mit einer Gruppe von Menschen zusammen so, daß jeder dabei in seiner Freiheit nicht angetastet wird. Eine ungeheuer schwierige Aufgabe.

Nun, wir stehen vor der Frage, wie diese sozialen Formen in die Bewußtseinsseelenentwicklung der Menschheit hineingestellt werden. Rudolf Steiner hat ausdrücklich darauf hingewiesen, daß die Bewußtseinsseele an sich antisozial ist, und je mehr der Mensch die Bewußtseinsseele entwickelt, um so mehr wird er von sich aus antisozial. Und Rudolf Steiner hat in den zwanziger Jahren schon gesagt, daß, was man an antisozialen Tendenzen entwickeln wird, nur ein Anfang ist und es die nächsten zwei-, dreihundert Jahre nur noch schlimmer werden wird. Wie weit es in diesen 50 Jahren, seit er das ausgesprochen hat, schon schlimmer geworden ist, das erleben wir täglich. Und dies ist der Grund, warum man im äußeren Leben Formen gestalten muß, die das soziale Leben nun auch möglich machen. Von innen heraus ist der Bewußtseinsseelenmensch antisozial; will er trotzdem ein soziales Leben, dann müssen wir soziale Formen finden, die als Formen darauf heilend wirken, korrigierend wirken. In einem der Vorträge über Dreigliederung sagt Steiner, es sei heute notwendig, daß man so etwas wie die Dreigliederung des sozialen Lebens nun auch einrichtet, weil diese äußere Einrichtung nötig ist, damit überhaupt Sozialität leben kann. Nun, das Urbild der Dreigliederung des sozialen Organismus hat Rudolf Steiner für den makrosozialen Raum ausgearbeitet. Es ist nicht selbstverständlich, daß das, was Dr. Steiner ausführt für den makrosozialen Raum, also für die ganze, große soziale Welt — wo ein Geistesleben, ein staatliches Leben und ein ökonomisches Leben sich dreigliedert, auseinandergestaltet und dadurch erkennbar wird in seiner eigenen Gesetzmäßigkeit und dann doch wieder in den Menschen vereinigt werden muß —, daß das genau so gilt für den mikrosozialen Organismus, also für einen

11

Organismus von Menschen, die in einer Arbeit unmittelbar zusammenarbeiten. Ich habe von Anfang an mir das als Frage gestellt und gefragt: Gilt das da auch oder gelten da vielleicht auch noch andere Gesetze? Muß man z. B. versuchen, ein Institut auf der Grundlage der Dreigliederung aufzubauen, wenn man ringsherum in der Welt keine Dreigliederung hat? Manchmal hat Dr. Steiner in vielen entgegengesetzten Bemerkungen — ich habe es auch gehört von Menschen, die mit ihm persönlich darüber gesprochen haben — gesagt: Man kann, wenn die große Welt keine Dreigliederung hat, nicht irgendwo eine kleine Autarkie machen, einen kleinen Hof, der nun dreigegliedert ist. Denn das stimmt ja gar nicht. Natürlich ist dort für die Menschen ein Geistesleben da, natürlich ist da ein Rechtsleben, ein Umgangsleben, natürlich ist eine ökonomische Basis da — aber das, was ich für das Große gesagt habe, kann man nicht ohne weiteres auf das Kleine pressen. Da kriegt man Dinge, die dann auch unnatürlich wirken. Ich habe das Gefühl, wenn man wirklich moralische Technik aus moralischer Phantasie entwickeln will, dann muß man aus der Situation heraus leben und fragen: Was ist die Form, die uns als konkrete Gruppe von Menschen die angepaßte Form ist, in der wir zusammenarbeiten? Ich habe das Gefühl noch mehr als früher, es gibt kein „absolutes Modell" — wie man heute sagt — für das Zusammenarbeiten eines Institutes von etwa 60 oder von 200 Menschen. Es hängt davon ab, daß die Menschen so zusammenarbeiten, daß sie von dem, was sich als Gesetze des Zusammenarbeitens ergeben, in ihrer Eigenentwicklung nicht gehemmt, vielmehr gefördert werden. Wir haben damals schon, ganz besonders in den Jahren nach 1945, sehr stark diskutiert mit verschiedenen Freunden in Holland, aus den Schulbewegungen usw., aber die meisten haben dann gesagt: Nein, das stimmt nicht, die Schulform ist mit der Waldorfschule gegeben, man braucht nur allein das zu tun, was Rudolf Steiner für die Waldorfschule angegeben hat. Dabei hat er schon in Hamburg damals und für England ganz andere Angaben gemacht, sogar bis in den Lehrplan hinein, hat also gesagt, in Norddeutschland muß man schon einen anderen Lehrplan haben als in Stuttgart und erst recht in England muß man schon gewisse lebenswichtige Änderungen im Lehrplan haben. Einfach aus der Situation heraus, daß die englischen Kinder andere Bedürfnisse haben und z. B. auch der Sport in dieser Waldorfschule einen ganz anderen Platz einnimmt als an der Waldorfschule in Stuttgart — aber auch andere Gebiete liegen anders. Auch für die holländische Schule hat er Angaben gemacht, die abweichen vom Stuttgarter Lehrplan. Es ist ungeheuer interessant, dies zu untersuchen, weil man da sieht, daß Rudolf Steiner nie von einer Theorie, sondern immer nur von einer Anschauung der Tatsachen und aus den Anforderungen heraus die Antwort gab. Also überhaupt kein Dogmatismus auf diesem Gebiet. Wenn wir uns in den nächsten Tagen gewisse Versuche, gewisse Dinge aneignen, die in das Gebiet der moralischen Technik gehören — wir nennen das dann „soziale Fähigkeiten" —, dann kommt es gerade darauf an, daß eine Gruppe von Menschen, die sozial fähig ist, imstande ist, einen Erfolg zu erringen in ihrer Zusammenarbeit, die jedem von ihnen seine Freiheit gewährt, ohne diese Freiheit wieder für den anderen zum Zwang werden zu lassen. Denn ich kann nicht sagen, ich bin frei und mache das so und so — wenn man das schon sagt, beschränkt man ja die Freiheit des anderen. Also ein ungeheuer feines Netz der gegenseitigen Wahrnehmung. — Wenn man also im Sinne der sozialen Fähigkeiten, der moralischen Technik, handeln will, muß man jeden Menschen, der in Betracht kommt, in seinen Gedanken dabei haben und sofort den anderen mithineinnehmen in den Entschluß. Inwieweit lasse ich ihn frei und inwieweit muß ich etwas von ihm erbitten, dem er zustimmen muß, bevor ich meinen Entschluß fassen kann? Man muß also den ganzen Kreis immer in seinem Innern lebendig haben — dann kann man eigentlich erst einen Entschluß fassen. Es ist also ein „inklusives" Denken. Es gibt in Holland einen Philosophen, der hat ein Buch geschrieben über „exklusives" und „inklusives Denken". Er sagt, die Krankheit unserer heutigen Welt ist das exklusive Denken, wenn ich also denke vom Ich aus an die anderen. So daß die Heilung der heutigen Problematik darin liegt, daß die Menschheit lernt, inklusiv zu denken. Und wenn er das "inklusive Denken" beschreibt, dann beschreibt er es sehr ähnlich dem, was Rudolf Steiner beschreibt als moralische Technik. Man muß sich also im Denken, auch im wissenschaftlichen Denken, nicht nur auf das Objekt richten, das man untersucht — nein, das „inklusive Denken" ist gefordert: Ich bin auch im Objekt und muß auch vom Objekt aus zu mir denken. Das Objekt meiner Untersuchung ist ein Teil meines ganzen Entschlußgebietes. —

Nun, diese Phase hat bis etwa 1950 gedauert, und dann kamen merkwürdige Fragen — wie man so sagt, zufällig. Aus der Umwelt kamen die Fragen, ob ich helfen könne in einer Situation, in der Lehrlinge Schwierigkeiten machten, wenn sie aus der Lehrlingsausbildung herauskamen. Der Betrieb hatte eine Lehrwerkstatt — eine Lehrfabrik sogar, wo ein Teil der Fabrik nur von Jungen unter 18 Jahren geführt wurde und wo sie ganz außerhalb des normalen Produktionsprozesses standen — es waren etwa 100 Lehrlinge. Wenn sie dann mit 18 Jahren hochausgebildet in den Betrieb kamen, kamen sie zu den alten Meistern, und dann gab es einen furchtbaren Krach. Die Folge war, daß die meisten Jungen innerhalb des ersten halben Jahres verschwunden waren.

Das gefiel der Direktion wenig, die das eingerichtet hatte — es hatte ungeheuer viel Geld gekostet, sie hatten sich Mühe gemacht, glaubten, es richtig zu tun, sogar vorbildlich zu tun —, und die Erfahrung lehrte, daß die Jungen, wenn sie so gut ausgebildet in den Betrieb kamen, schnell wieder herausflogen. Da habe ich einige Gespräche geführt mit Menschen aus dem Betrieb. Ich hatte gar keine Erfahrung mit dem Betriebsleben, und als man mich darum gebeten hatte, habe ich gesagt, ich wolle wohl einmal hineingehen, ich habe keine Erfahrung, aber das interessiert mich. Da hatte ich dann Gespräche, und ich habe den Abteilungsleiter, den Betriebsleiter gefragt: Was halten Sie von dieser Jungenfabrik? „Da gibt es nur eine Lösung: Dynamit darunter und in die Luft sprengen!!" Nun, wenn das der Betriebsleiter sagt, dann verstehen Sie schon, daß einige Spannungen da sind. Ich treffe so etwas oft in der Welt, wo man doch noch andere Standpunkte hat als bei uns in den heilpädagogischen Instituten, wo die Spannungen auch groß sein können. —

Zu meinem großen Erstaunen kam dann eine Anfrage von unserer Universität Rotterdam, aus der sozialökonomischen Fakultät, ob ich einen Lehrstuhl für Sozialpsychologie, später Sozialpädagogik übernehmen könne. Das war ein Gebiet, wo es noch keine Untersuchungen gab. Es war ein neuer Lehrstuhl, und ich habe erst nein gesagt, aber nach zwei Jahren Zögern habe ich es dann doch gewagt. Ich war doch ganz unvorbereitet für so etwas, ich hatte gar keine Ahnung, was Sozialpädagogik eigentlich ist — aber Gott sei Dank hat auch kein anderer Mensch eine Ahnung gehabt, damit war ich sichergestellt. Es war damals überhaupt noch nichts da, und heutzutage — werkwürdig, wie schnell das geht — gibt es ja schon ganze Fakultäten, wo das gelesen wird. 1952/53 war kaum etwas da auf diesem Gebiete, das war eigentlich noch ein Erstling. „Nun, ich mach das gerne, aber dann will ich ein echtes Institut haben, das wirklich in der Welt arbeiten kann, sonst lehrt man nur aus Büchern, und ich will kein Dozent werden, der nur aus Büchern lehrt, ich will aus der Wirklichkeit des Lebens lehren!" Und so kam dann das NPI zustande, als Institut der Universität Rotterdam, mit einem eigenen unabhängigen Status und einem eigenen unabhängigen Vorstand, aber eingegliedert in Rotterdam dadurch — das hat Rotterdam öfter gemacht in verschiedenen Instituten —, daß der Inhaber des Lehrstuhles zugleich Direktor des Institutes ist, es ist eine personale Verbindung da. Weiterhin aber müssen die Institute ihre Mitarbeiter selbst finden, und sie kriegen keine finanzielle Unterstützung von der Universität — aber dafür sind sie auch frei! Ich habe später gesehen, was geschieht, wenn man nicht frei ist, wenn man Geld empfängt vom Staat.

Deshalb waren wir frei, und es konnte von vornherein das Institut als rein anthroposophisches Institut aufgebaut werden. — Da fehlen einem dann ja die Mitarbeiter für ein solches Institut, und da sieht man, „wie Karma wirkt": Denn schon 1947, 48 hatte sich in Amsterdam eine Gruppe von Studenten gebildet, die dort Sozialwissenschaft studierten. Es waren 12 bis 15 Studenten ungefähr, sie waren regelmäßig zusammen, alle mit Interesse für Anthroposophie, und sie haben monatlich oder auch mehrmals monatlich — ich war da manchesmal dabei — versucht, auf ihrem Gebiet anthroposophisch zu arbeiten. Sie wurden fertig und bekamen Stellungen — einige von ihnen werden Sie kennen. Herr von Sassen war der erste, an den ich mich wandte und fragte: Hast du Lust, mit in das Institut zu kommen? Er war gerade Psychologe und hatte eine Stellung bei der Militär-Auswahlkommission, der mußte Offiziere auswählen. Diese Stellung hat er dann aufgegeben und die ungewisse Zukunft des Institutes mit auf sich genommen. Einige sind auch andere Wege gegangen, aber das Gros dieser Gruppe ist jetzt im Institut. Ich wußte also, daß es Menschen gibt, die das können und auch Erfahrung haben. Einer nach dem anderen kam noch auf den verschiedensten Wegen dazu; im Augenblick haben wir 17 vollverantwortliche Mitarbeiter und sechs, die in Ausbildung sind, die auch einen etwas anderen Status haben, und natürlich noch fünf, sechs Menschen im Sekretariat usw. Also ein kleines Institut! Wird man gefragt, um was dieses Institut gebeten und was da getan wird, ist man erstaunt, wie es möglich ist, das mit 17 oder 22 Menschen zu schaffen. Denn die Arbeit erstreckt sich über die Schweiz, Deutschland, England, Südafrika und Holland. Wie schafft man das?

Sehen Sie, das ist wieder ein Geheimnis, das man aus der Anthroposophie lernt. Ich habe gesprochen über moralische Phantasie und moralische Technik. Aber etwas anderes, was man aus der Anthroposophie lernt, ist der Begriff „Entwicklung". Ich habe das Gefühl, es war Rudolf Steiners Aufgabe, den Begriff Entwicklung neu in die Welt hereinzubringen. Denn die ganze Anthroposophie ist eigentlich aus dem Begriff „Entwicklung" heraus entstanden: Der Begriff der Entwicklung in Saturn, Sonne, Mond, Erde bis zu Venus und Vulkan; der Begriff der Entwicklung in den großen Kulturperioden; der Begriff der Entwicklung des Menschen durch die vielen Jahresrhythmen hindurch; der Begriff der Entwicklung des Ich durch Karma und Reinkarnation — alles, die ganze Welt ist in Entwicklung. Und wer die Gesetze der Entwicklung versteht, der hat auch die Möglichkeit, in — sagen wir —, in gerechter Weise sich neue Gebilde für die Zukunft zusammenzustellen. Denn entweder er tut es im Sinne der Entwicklung, realisiert, was er denkt, im Sinne der Wirklichkeit — oder er denkt abstrakt oder kombiniert etwas und tut dabei etwas, was nicht in der Entwicklung liegt oder sie stört. Deshalb haben wir auch die Vorstellung, moralische Technik und Entwicklung hängen sehr eng zusammen, und auf dem Begriff der Entwicklung ist eigentlich das ganze Sozialpädagogische Institut entstanden. Das ist ein Fragengebiet, an dem wir immer wieder aufs neue arbeiten. Entwicklungen von Lehrplänen, Entwicklungen von Menschengruppen, Entwicklungen von Organisationen. 1954 fing es an, und die erste große Aufgabe war, daß vom Kultusministerium eine Frage kam: die Umgestaltung der Gewerbeschulen in Holland. Die Gewerbeschulen waren damals Ganztagsschulen, zwei Jahre lang – und zwar kam man nach einer sechsjährigen Volksschule im 7. und 8. Jahr auf die Gewerbeschule. Danach gingen die Jungen mit 14, 15 Jahren in die Arbeit hinein und kamen dann als Lehrlinge einen oder einen halben Tag in der Woche noch in die Schule zurück. Diese zweijährige Schule war eigentlich schon sehr veraltet und nur auf das Fachliche eingestellt. Die Frage des Ministeriums war: Wir stellen uns vor, daß es möglich sein muß, mehr Allgemeinbildung in die Schule hereinzubringen – das wird also eine drei- bis vierjährige Schule werden müssen. Die Aufgabe war, einen Lehrplan zu entwerfen für eine vierjährige Schule und die Lehrerschaft der bestehenden Schulen umzuschulen, nun nicht nur Fachunterricht zu geben, sondern mitzuarbeiten an dem, was mehr Weiterbildung war. Eine wunderbare Aufgabe! Man muß sich vorstellen, uns wurden von etwa 200 Schulen in Holland 156 zugewiesen – ein anderer Teil waren katholische Schulen, die an ein katholisches Institut verwiesen wurden, und einige kalvinistische in ganz kleiner Zahl, die auch ihre eigene Leitung haben. Wir bekamen die 156 Allgemeinen Schulen – über 3000 Lehrer!

Wie haben wir das angepackt? Wir haben gesagt, man muß so ein Riesenprojekt in Entwicklung bringen. Wie bringt man so etwas, das über das ganze Land verbreitet ist mit Schulen von 1000, 1200 Lehrlingen bei 50, 80 Lehrern, wie bringt man so etwas in Bewegung? Ziemlich klar war der Lehrplan. In diesen Jahren haben wir schon sehr stark mit Fintelmann zusammengearbeitet, der einen ganz kleinen Anfang machte mit den Hibernia-Werken – das war noch in den Schulscheunen und dem trockenen Schwimmbad; er kam auch manchmal nach Holland. Wir haben z. B. mit der Universität Amsterdam zusammen einen universitären Lehrgang gemacht für diese Gewerbeschullehrer, so daß sie pädagogisch studieren konnten – das konnten sie vorher nicht, weil sie kein Abitur hatten. So habe ich selber, so hat auch Fintelmann – der kam in diesen Jahren regelmäßig einmal im Monat nach Amsterdam – Vorlesungen gehalten. Wir haben dann zusammen den Lehrplan entwickelt, und als dieser fertig war, mußten die Lehrer umgeschult werden. Fünf Jahre lang kamen jeden Monat 24 Lehrer aus zwölf verschiedenen Schulen, aus jeder Schule zwei. Die kamen montags und gingen Samstag und am nächsten Montag waren wieder 24 da — und das ging fünf Jahre hindurch. Dann waren die 3 000 Lehrer „durchgedreht". Ja, man würde sagen, das ist doch eine langweilige Arbeit, das ist immer das gleiche. Nein, das war nicht das gleiche!

Jeden Montag haben wir ganz kurz begonnen: „Sie kennen die Aufgabe, die das Ministerium uns gestellt hat; wir wollen versuchen, zusammen Wege zu finden, diese Fragen zu lösen. Sie sind diejenigen, die die Fachkenntnisse haben, Sie stehen in der Situation. Sie müssen aus Ihrer Situation zusammen mit uns, die gewisse pädagogische Einsichten haben, die Sache herausfinden." Ich kann Ihnen sagen, daß — obwohl es fünf Jahre gedauert hat — kaum zwei Kurse je gleich waren. Denn jede Gruppe hat aufs neue mit dem Problem gerungen, so daß es Mittwoch, Donnerstag anfing zu dämmern, in welcher Richtung die Lösung zu suchen sei. Wenn sie am Samstag weggingen, dann hatte mancher dieser alten Lehrer Tränen in den Augen und sagte: Warum bin ich jetzt 56 Jahre und muß jetzt das noch mitmachen und könnte doch so gut in dem Neuen mitarbeiten! Nun, das ist die konkrete Augenblickssituation, natürlich, wenn dann solch ein Mensch in die Schule zurückkommt, dann fällt er sehr bald in das Alte zurück.

Aber, nach fünf Jahren, was ist nun gelungen? Ich würde den ersten Schritt nur sehr klein machen und dann den nächsten viel größer — denn wenn mit Gewalt neue Lehrer ausgebildet werden müssen, kann man es nicht auf einmal machen. Es war ein Plan über 15 Jahre. Die 15 Jahre sind um — was ist geschehen? Sehen Sie, wenn man jetzt durch diesen Schultyp hindurchgeht — und ich hatte das Vergnügen, vorige Woche noch einmal ungefähr 30 Direktoren dieser Schulen beieinander zu haben —, dann sieht man, was geschehen ist. Jede Schule ist vielleicht auch andere Wege gegangen, ist nicht uniform geworden. Aber es ist ein Prozeß in Entwicklung gekommen. Menschen sind in Entwicklung gekommen. Bei einem ist es äußerlich besser geworden, bei anderen weniger gelungen — aber vielleicht ist das doch bloß äußerlich erlebt, und trotzdem hat sich da am meisten geändert. Denn es waren sehr schwierige Umstände. Wichtig für das Pädagogische ist nicht das, was man erreicht, sondern die Bemühung einer Lehrerschaft, bessere Umstände, bessere Gruppenorganisationen zu finden. Das ist das Urgesetz, das Rudolf Steiner uns mitgegeben hat: Das Pädagogische wirkt nur, wo der Lehrer selber noch sich bildet. Wo er selber noch in Entwicklung ist, kann er bei den Kindern Entwicklung in Gang bringen. Schon Herodot hat gesagt: Erziehen ist nicht: einen Eimer füllen — sondern: ein Herdfeuer entzünden.

Ein Herdfeuer entzünden — das bedeutet, einen Prozeß in Gang zu bringen: daß man anzündet und es dann von selbst weiterbrennt. Wenn man einen pädagogischen Prozeß in Gang bringt, dann löst man einen Prozeß der Entwicklung aus. „Was gelingt, das nehmen wir so mit", sage ich immer — wenn etwas gelingt, dann ist das sehr schön und man kann sehr dankbar sein, aber das ist nicht das Wichtige. Das Wichtige sind doch die Menschen in der Begegnung, die sich bemühen und weiterkommen und sich entwickeln an dieser ganzen Sache. Die Sache hat sich ausgedehnt. Sie ist in die Betriebe gekommen. Wenn wir anfänglich mehr für die Ausbildung von Menschen tätig waren, so ist es jetzt so, daß sich z. B. eine Gruppe von uns ganz besonders beschäftigt mit der Organisation der Spitze nach Fusionierungen, also nach dem Zusammenschluß von Betrieben — es muß ja da eine ganz neue Organisation gebaut werden. Nun, mit solchen Problemen beschäftigen wir uns und beraten dann. Wir sind eine regelrechte Beratungsfirma geworden. Das ist unsere Arbeit. Aber wir machen sie in einer Gruppe von selbständigen Menschen, wo jeder, der vollverantwortlich ist, ein Projekt auf sich nimmt, für dieses Projekt verantwortlich ist und sich seine eigenen Mitarbeiter unter den anderen dafür aussucht. Also: Herr A darf Projektleiter sein und sich die Herren B und und C als Mitarbeiter im Projekt erbitten und sie arbeiten unter seiner Verantwortung — aber am nächsten Tage arbeitet A unter B, wenn er in einem Projekt ist, für das B verantwortlich ist. Das ist unser Prinzip, daß jeder von uns, der zu den 17 gehört, nun auch das Recht hat, vollständig eigene Projekte zu führen. Das Ganze muß natürlich in eine gewisse Planung kommen, die Sache muß ja auch eine gewisse Linie haben, daß sie nicht sosehr einseitig nur gewisse Gebiete abdeckt. Verschiedene haben sich mehr auf das äußere Schulwesen spezialisiert, andere auf das Betriebsleben, ein Dritter vielleicht auf öffentliche Probleme — wir hatten jahrelang zu tun mit der Ausbildung von Ministerialbeamten, das war eine Gruppe von 116 000 Menschen. Es war überhaupt die schwierigste Gruppe — man sagte bei uns immer: „Jeder von ihnen ist gestiegen bis zur äußersten Grenze seiner Inkompetenz."

Nun, das darf ich sagen — eigentlich auch für einige Mitarbeiter, die indirekt der Heilpädagogik nahe geblieben sind —: Nach so vielen Jahren kommen wir zurück und haben diese Tagung. Für mich ist das ein festliches Gefühl. Ein Gefühl, daß man nun wieder zurückschenken darf, aus einem Umweg heraus, der aus der Heilpädagogik entstanden ist und der jetzt hoffentlich wieder in die Heilpädagogik zurücklaufen kann. Ich hoffe, daß wir in diesen Tagen sehr ernst miteinander arbeiten können und auch fruchtbar. Die Fruchtbarkeit — das haben Sie wohl schon verstanden — wird sich im Laufe der Jahre zeigen.

Es ist das Nächstliegende, daß man neue Dinge lernt, neue Dinge hört, Dinge auch übt — aber das ist sehr bald wieder verschlissen, es gibt einen großen Verschleiß von dem, was man so lernt in einer Woche. Die Hauptsache ist: Es muß ein Prozeß in Gang kommen, eine Entwicklung soll anfangen, die vielleicht in der Heilpädagogik auch dazu führt, daß Sie neben dem Schönen, das Sie mit den Kindern tun, auch vorbildlich sein können in dem, was Bewußtseinsseelenorganisationen sind. Ich glaube, das braucht die Welt sehr, daß man auf diesem Gebiete auch wirklich vorbildlich wird — als Pioniere vorbildlich arbeiten lernt und denken und auch fühlen. Denn es hängt sehr viel davon ab, vor allem zum Ende des Jahrhunderts hin, ob es kleinen Gruppen gelingt, wirkliche, echte Gemeinschaften im neuen Stil zu realisieren und damit weiter zu arbeiten.

Fingerübungen zur moralischen Technik
Erster Vortrag vom 31. März 1970

Wir haben gestern abend gesagt, daß die Problematik, vor der wir in dieser Woche stehen, darin liegt zu untersuchen, was zur moralischen Technik gehört. Was bedeutet es, wenn man moralische Intuition, moralische Phantasie entwickelt, daß man außerdem noch eine moralische Technik nötig hat, damit dasjenige, was man verändern will in der Wirklichkeit, auch so ausführbar wird, daß der andere in seiner Freiheit nicht beeinträchtigt wird? Nun, das ist eine schwere Sache. Und wenn eine Gruppe zusammen ein Ziel verfolgt und einer fühlt sich unfrei durch die Aufgabe oder was auch immer, dann kann der eine eine ganze Gruppe blockieren. Ich sage immer: Ein Konvoi fährt nie schneller als das langsamste Schiff. Wenn also eine Gruppe sich entschließt, Gruppe zu sein und Gruppe bleiben will, hat man sich gleichzeitig entschlossen, so langsam zu fahren, daß auch derjenige, der schwer mitkommt, mitkommen kann. Zwar können vielleicht aus der Gruppe drei oder vier vorstürmen und das Problem schon lösen, aber dann sind sie wie der Offizier, der voraus stürmt und sich umschaut und seine Truppe ist nicht mitgekommen, nicht wahr? Das bedeutet aber für jeden von den Langsamen, sich zu fragen: Inwieweit darf ich mit meinem Aufhalten die Freiheit der anderen beeinträchtigen? Denn die moralische Technik wirkt immer gegenseitig! – Sagen wir also, wir haben eine Gruppe von zehn Menschen, die zusammen ein Problem lösen wollen. Acht davon sind einverstanden mit der Weise, wie man das Problem anpacken will. Zwei können dabei nicht mitkommen, fühlen sich unsicher, haben das Gefühl, es sei ein falscher Weg. Nun steht die moralische Verantwortung auf beiden Seiten. Die acht können sagen, wir drücken das durch, die beiden müssen uns folgen. Dann haben sie die Sache verletzt. Sie können sich aber auch sagen, wir müssen warten, müssen vielleicht Wege suchen, so daß die zwei auch mitkommen können. Die zwei haben aber die moralische Verantwortung, sich zu fragen, dürfen wir die ganze Gruppe aufhalten? Man muß immer in der Gruppenarbeit moralische Verantwortung gegeneinander abwägen. Das ist das Gebiet der moralischen Technik, der sozialen Fähigkeiten, die man entwickeln muß. Nun, über dieses ganze Gebiet wollen wir heute mehr theoretisch reden, und was ich sagen werde, ist ziemlich einfach. Wir müssen aber beim Einfachen anfangen, wir werden im Laufe der Woche schon auf schwerere Probleme kommen.

20

Wir wollen heute die „Fingerübungen" darstellen, damit man später spielen kann. Nicht wahr, viele möchten sofort spielen, ohne Fingerübungen zu machen! — Der Bruder von Herrn Starke erzählte mir einmal die Geschichte von einer Familie, in der Fritz Kreissler wohnte, wenn er auf seinen Tourneen war. Da sagte der Vater zu seinem kleinen Jungen: Hör mal, Onkel Fritz kommt wieder! Da fragt der Junge: Wer ist Onkel Fritz? — Du weißt doch, der schaut so und so aus! — Ach, ist das der Onkel, der immer Ta-ta, ta-ta, ta-ta macht? Das war der Haupteindruck auf den Kleinen!

Wenn er sein Konzert gab, dann hat er den ganzen Tag nur diese Fingerübungen gemacht. Und so muß man sagen — Rudolf Steiner sagt das —, daß auch der Eingeweihte immer noch seine ganz einfachen Übungen machen muß. So wollen wir heute versuchen, das ganz Einfache darzustellen, in einer Form, daß wir uns nun fragen: Was gehört dazu?

Wir gehen davon aus, daß eine Gruppe versucht, zusammen eine Aufgabe zu lösen oder ein Ziel zu erreichen oder einen Entschluß zu fassen. Das ist etwas, das hat drei Seiten — wie bei uns alle Dinge drei Seiten haben. Das erste ist der Inhalt, das zweite ist die Interaktion, das dritte nennen wir die Durchführung. Der Inhalt ist das Geistige, die Interaktion ist das Zwischenmenschliche, und das dritte ist der Willensweg. Man würde also Denken, Fühlen und Wollen auch noch dahinterschreiben.

Inhalt: Wir sind gewohnt, ganz besonders als Anthroposophen, wenn wir uns zusammensetzen, den Inhalt für das Wichtigste zu halten. Wir sind immer sehr beschäftigt mit dem Inhaltlichen dessen, was wir tun. Und da sind wir ungeheuer klug und erfahren und haben ungeheuer viel gelesen und wissen ungeheuer viel, nicht wahr! Deshalb gerade will ich heute vom Inhalt absehen. Ich spreche heute also nicht über den Inhalt, das werden wir später tun. Wir wollen uns heute hauptsächlich beschäftigen mit demjenigen, was Interaktion ist, also dasjenige, was sich zwischen Menschen abspielt und abspielen muß, wenn eine Gruppe in Harmonie zu einer Bildgestaltung oder einer Urteilsbildung oder zu einem Entschluß oder was auch immer kommen will. Was spielt sich da zwischenmenschlich ab, und wie ist der Willensweg? Welche Schritte muß man machen, um in sauberer Weise zu seiner Entschlußfassung zu kommen? Kann man sagen, sofort, wenn man das Problem gestalten kann: Ich weiß die Lösung, wir machen das so und so? Das haben wir doch oft schon so gemacht! Der andere aber sagt: Man hat es immer so gemacht, das ist falsch, das wollen wir jetzt anders machen! Also die Durchführung, die Prozedur gehört schon zu den sehr wichtigen Dingen in der ganzen Problematik der moralischen Technik. Und dasjenige, was sich zwischenmenschlich abspielt an Urteilen, an Gefühlen, an Willensrichtungen — wie behandelt man das? Wie geht man um mit der Problematik einer Gruppe von Menschen mit verschiedenen Vorstellungen, mit verschiedenen Temperamenten, mit verschiedenen Gefühlsinhalten und verschiedenen Willensrichtungen? Wenn sie trotzdem zusammenarbeiten will, ist einiges dafür nötig. Wir wollen uns jetzt also dem Gebiet des zwischenmenschlichen Geschehens während einer Gruppenbesprechung widmen. Was brauchen wir?

Erstens: Gewisse Kenntnisse. Man muß gewisse psychologische Kenntnisse haben, ein gewisses Wissen über dasjenige, wie das menschliche Denken und Wollen zusammenhängen, und über dasjenige, was sich zwischen Denken und Denken abspielt, wenn Menschen zusammen denken. Die Schwierigkeit ist, daß das Denken immer das Vehikel der Sprache braucht. Das bedeutet, wenn ich eine Vorstellung habe und will sie den anderen übermitteln, daß es dann eine doppelte Übersetzung gibt. Ich muß meine Vorstellung in Sprache übersetzen, muß die Sprache aussprechen können, die Sprache tönt an das Ohr des anderen, und der andere muß die Sprache wieder in eine Vorstellung übersetzen. Diese doppelte Übersetzung ist gerade die Schwierigkeit des zwischenmenschlichen Verstehens. Denn indem ich versuche, meine Vorstellungen nach meiner Art so deutlich wie möglich auszusprechen — es ist schon eine Kunst, eine Vorstellung exakt zu beschreiben, die Sprache exakt zu gebrauchen, für einen Ausländer ist es noch schwieriger, nicht wahr —, hat das, was für mich eine gewisse Bedeutung hat, für den anderen vielleicht eine ganz andere Bedeutung. Wenn ich so in einem Kreise versuche, etwas auseinanderzusetzen, und dabei mich bemühe, das so deutlich und exakt wie möglich auszusprechen — dann möchte ich manchmal die Ätherköpfe öffnen, um hineinzuschauen, was dort an Vorstellungen von meinen Vorstellungen hingekommen ist. Und manchmal würde man staunen, was da herauskommt! — Das ist die große Problematik der Verwirrung; da, zwischen der doppelten Übersetzung, greifen die Geister der Verwirrung ein. Da schiebt sich dann manches dazwischen, zwischen Wort und Hören und Hören und Wort. Wenn einer sagt: ,,Diese Gardinen sind blau" — dann sagt der andere: ,,Ja, sie sind rosa" — ,,Ja, da hast du ganz recht!" Der eine sagt rosa, der andere sagt blau. Oder sie sagen beide rosa, der eine hat aber eine ganz andere Vorstellung beim Rosa als der andere.

Zweitens hat man soziales Einfühlungsvermögen nötig, die Möglichkeit — das kann man üben —, so hinzuhören, daß man mitfühlt, was in dem anderen vorgeht. Es gibt Leute, die haben ein sehr feines Einfühlungsvermögen. Die anderen haben einfach eine Haut wie ein Elefant, die spüren überhaupt nicht, wenn sie in einen Raum hineinkommen, ob sie stören oder nicht. Das ist eine Sache, die ist schon der Anlage nach verschieden, aber in einem Gruppengespräch kann man das ändern. Man kann sogar versuchen, das zu üben, indem man z. B. in einer Auswertung auf das Gruppengespräch zurückschaut. Was ist geschehen in diesen eineinhalb Stunden? Und wo ist es passiert, daß vielleicht einer oder zwei in der Gruppe etwas erlebt haben, was die anderen gar nicht bemerkt haben? Dann kann man nachfragen: Stimmt das oder nicht? So kann man sich üben. Davor braucht man keine Angst zu haben, das ist nicht eine Art Psychoanalyse, das ist ein gegenseitiges Helfen, in dem man sich hilft, aufmerksam zu werden. Man lernt auch, so wach zu sein, daß man einfach spürt, was in den anderen vorgeht. – Es gibt ja auch Überempfindlichkeit. Es gibt Menschen, die haben eine Geschichte miteinander, die haben Jahre zusammen gearbeitet, und man weiß: wenn ich das Wort gebrauche, dann springt er hoch! Man weiß von vornherein, was dann geschieht! Und man muß da versuchen, daß soziales Einfühlungsvermögen etwas Objektives wird: Man wertet den anderen nicht, man stellt einfach fest: Wenn das passiert, fühlt der andere sich plötzlich vereinsamt. Das ist eine Tatsache, mit der man rechnen muß, auch schon, weil sonst der Gruppenentschluß nicht richtig vonstatten geht. Wenn einer sich ausschaltet, ist es keine Gruppe mehr, ist es auch kein Gruppenentschluß mehr.

Ich kann Ihnen sagen, daß ich in meinen früheren Jahren – in meinen wilden Jahren, könnte ich ruhig sagen, in den dreißiger Jahren im Zonnehuis – manche Erfahrungen gemacht habe. Wir hatten jeden Montag unsere Lehrerbesprechungen, da waren auch die Ärzte und die Heilpädagogen dabei, ich habe der Sache achtzehn Jahre vorgesessen. Da haben wir manche Dinge beschlossen. Ich habe gesagt: wir machen das so, ist damit jeder einverstanden? Ja! Jeder einverstanden! Und dann kam ich nach unten – wir hatten unseren Raum oben – auf den Flur, wo die Mäntel hingen. ,,Und wenn der glaubt, daß wir das machen werden…" ,,Verzeihung, wir hatten das doch gerade besprochen…" ,,Ja, natürlich, das haben wir gerade besprochen!" – Da ist mir doch aufgegangen, daß manchmal Entschlüsse gar keine Entschlüsse sind – sobald der Entschluß von zweien oder dreien auf zwanzig übergehen muß. Und daß die anderen dann einfach nicht nein sagen, aber gar nicht gewillt sind, es auch auszuführen. Das sind dann Scheinentschlüsse. Also dieses Einfühlungsvermögen zu üben bedeutet, daß man wirklich allmählich spürt, ob ein Ja auch ein Ja ist oder nicht. Und daß man sich dann auch wirklich die Mühe nimmt, ein Ja, das kein richtiges Ja ist, nicht für ein Ja zu nehmen, sondern weiter darauf einzugehen. Und wenn es ein Nein ist, zu sagen: Dann also ist es kein Entschluß der Gruppe, dann müssen wir die Sache noch weiter durchackern. Es hat gar keinen Zweck, einen Entschluß zu fassen, der kein Entschluß ist.

Wir haben auch folgendes gemacht: Wir machten damals Notizen über die Dinge, die wir beschlossen hatten, und ich erinnere mich, daß wir einmal ein Problem besprochen haben und einer sagte: „Das haben wir vor dreiviertel Jahren doch auch schon besprochen, gucken Sie einmal nach, was wir damals beschlossen haben!" Das bedeutet, daß nach dem Entschluß keiner etwas daran getan hatte, es war weitergegangen wie zuvor. Es war ein Scheinentschluß. Das gehört alles zu dieser moralischen Technik hinzu, daß man sich z. B. abgewöhnt, Scheinentschlüsse zu fassen. Daß man aus solchen Erfahrungen auch wirklich lernt, Konsequenzen zu ziehen und versucht, die Sache anzugehen.

Und dann gibt es noch eine soziale Technik, eine gewisse Hantierung mit Problemen. Nun, soziale Technik ist eine Sache des Wissens, um psychologische und soziologische Tatsachen, Wirkungen, Gesetzmäßigkeiten, physische und ätherische. Die man kennen muß, die man wissen muß, die man studieren muß.

Auch wenn man ein gutes Wissen und ein schönes Einfühlungsvermögen hat, muß man aber eine Versammlung doch in einer bestimmten Zeit zu Ende bringen können. Denn wir haben nicht ewig Zeit, müssen auch noch arbeiten. Versammlungen und Besprechungen sind sehr wertvoll, aber wenn sie zu lange dauern, dann werden sie wieder negativ wirken.

Aus dem Gebiet der Kenntnisse möchte ich über einige soziologische und psychologische Begriffe hier sprechen, die für uns wertvoll sind.

Erstens ist das Wichtigste, daß wir unterscheiden zwischen Objekt- und Bedeutungswelt. Wir sprechen über eine Objektwelt, aber außerdem hat jedes Objekt für jeden Menschen eine gewisse Bedeutung. Also z. B. man kommt in das Zimmer hinein, wo die Versammlung stattfindet. Es stehen drei Aschenbecher auf dem Tisch. Jedermann kann beschreiben: Sie sind aus Glas, sie sind rund, sie wiegen so viel. Das ist Objektwelt. Für die Bedeutungswelt bedeutet das für den einen: Aha, es ist scheinbar gestattet, daß wir hier rauchen. Der andere denkt: Mein Gott, wird hier geraucht! Das ist eine Bedeutungswelt. Dasselbe Objekt hat für verschiedene Menschen eine ganz andere Bedeutung. Und nun ist es so, daß wir immer versuchen, uns in der Unterhaltung in der Objektwelt zu überzeugen. Wir sagen: „Nein, Mensch, sieh doch ein, das ist doch ein runder Aschenbecher!" „Ich weiß, daß ist ein runder Aschenbecher — er ist mir aber unangenehm." Es hat gar keinen Zweck, den anderen Menschen in der Objektwelt zu überzeugen, die Objektwelt kann man immer nur beschreiben, mit der Objektwelt kann man Wissenschaft betreiben. Aber man sieht, wieviel vollkommen überflüssige Diskussionen stattfinden, weil für zwei Menschen dasselbe Objekt eine andere Bedeutung hat. Da spricht der eine russisch und der andere chinesisch. Die Unterhaltung geht über dasselbe Objekt, aber die Bedeutungswelten sind verschieden. Es hat nur Sinn, die Bedeutungswelt des anderen ernst zu nehmen. Denn die Bedeutungswelt ist die Realität! Im Zwischenmenschlichen ist nicht das Objekt die Realität — die Bedeutung des Objektes ist die Realität. Wenn wir zusammen arbeiten müssen, wenn wir zusammen Entschlüsse durchtragen müssen, müssen wir wissen, daß verschiedene Dinge verschiedene Bedeutungen für den Menschen haben, sonst werden wir nicht einig. Das gehört zu der Hygiene des Gespräches. — Nun, das ist das erste, worum es geht. Wenn wir über das Zwischenmenschliche sprechen, dann sprechen wir über die Bedeutungswelt. Dann nehmen wir die Bedeutungswelt ernst und versuchen, darauf einzugehen und von dort auszugehen.

Weiterhin muß man natürlich sagen, daß eine Gruppe, die zu einem Ziel kommen will, die einen Weg gehen will, gewisse Funktionen haben muß. Und das erste ist, daß es in jeder Situation — man hat wieder die Schillersche Dreiheit, den Formtrieb, den Stofftrieb und den Spieltrieb — eine gewisse Form geben muß. Das Gespräch muß eine Form haben. Jemand oder die ganze Gruppe — jeder für sich — muß überwachen, daß die Form auch wirklich zu ihrem Recht kommt. Das andere ist Inhalt, ist Substanz, woran die Form sich auswirkt. Dies zu überwachen ist auch wichtig, aber über den Inhalt will ich heute nicht sprechen — ich spreche jetzt über die Form. Die Überwachung der Form nennt man die Führung oder die Leitung in dem Gruppengespräch oder in der Arbeit. — Darüber ist schon eine ganze Bibliothek geschrieben von soziologischer und psychologischer Seite.

Erst einige psychologische Begriffe: Welche Arten von Leitung, von „Formtriebausübungen" in menschlichen Situationen gibt es? — Nun, da hat der Vater der Soziologie, Max Weber, schon wichtige Dinge gesagt. Er unterscheidet — das ist geschrieben, ich glaube vor dem Ersten Weltkrieg oder kurz danach — in alten Zeiten ein charismatisches Führertum. Charisma — im Deutschen: mit einer Lichtaura umgeben — ist etwas, was etwas Göttliches noch in sich hat, einen Glanz. Es war berechtigt im dritten nachatlantischen Kulturzeitalter, wo der Pharao ein charismatischer Führer war — er war zu gleicher Zeit geistiger und weltlicher Führer. Und was er sagte, hatte den Glanz des Göttlichen in sich. Da war das Gehorchen selbstverständlich. Auch heutzutage gibt es Führertum-Charisma, das nicht falsch ist, das sozusagen annehmbar ist, und zwar dort, wo ein Mensch eine Initiative ergreift und von der Initiative so erfüllt ist, daß andere dieser Initiative gerne folgen. Einer hat den Impuls: Wir machen ein Institut! Einer oder zwei — und viele kommen: „Ja, wir machen gerne mit!": die primären und sekundären Gründer. Es sind die sekundären menschlich nicht weniger als die primären, sie haben nur eine andere Funktion. Die primären Gründer allein würden es nicht schaffen, man braucht sich gegenseitig. — Also ganz besonders im Anfangsstadium einer jeden neuen Arbeit ist ein gewisses Charisma da bei den Initiativträgern. Man muß dann sehr aufpassen: Wie lange ist das berechtigt? — Nun, Weber beschreibt dann, wie im Laufe der Menschheitsgeschichte, die er überschaut, dieses Charisma allmählich zu einer anderen Form gekommen ist, ein traditionelles Führertum geworden ist. Wenn in Holland ein Gesetz gedruckt wird, dann steht da: Wir Juliana, Königin von Gottes Gnaden... das ist noch eine Erinnerung an das alte Charisma. Man kann sagen: Hier ist das Charisma schon traditionell geworden! Obwohl wir das Glück haben, eine Frau dort zu haben, die eine sehr beachtenswerte Persönlichkeit ist. Sie ist wirklich eine Persönlichkeit, die selbständig ihre Urteile bildet und sie auch ausspricht. Aber in der ursprünglichen Funktion ist es nicht mehr da, es ist traditionell geworden.

Und dann beschreibt Weber, wie in der Neuzeit, und zwar in der Zeit, wo die Städte gegründet werden, wo das Bürgertum hochkommt, ein neues Führertum entsteht, das bürokratische Führertum. Nun, das Wort „bürokratisch" hat wenigstens im Holländischen einen negativen Geschmack bekommen. Aber damals, als Weber das aussprach, war es noch ein Ehrenname. Bürokratisch bedeutete: auf Grund der eigenen persönlichen Fähigkeiten. Schon Ludwig XIV. von Frankreich hatte einen Finanzminister, der kein Adeliger war. Ein Fachmann als Finanzminister! Da sieht man ein Führertum auf Grundlage der Fähigkeit für die Sache. So schildert Max Weber drei Stufen der absteigenden Entwicklung, und man kann sich fragen, ist das bürokratische Führertum die letzte? Vielleicht hat sich gerade in den letzten Jahren noch eine neue Stufe hinzugebildet, die Weber gar nicht erkennen konnte, weil sie damals noch nicht da war. Das ist eine interessante Frage, für die wir wach sein müssen.

Die zweite Frage: Ist Führertum an einen Menschen gebunden? Bei den charismatischen Führern ohne weiteres. Bei den traditionellen Führern ohne weiteres. Jemand war Herzog über ein Gebiet und Herzog in allen Angelegenheiten. Im bürokratischen Bereich fängt es schon an, daß der bürokratische Führer auf dem Gebiet seiner Kompetenz führt und nicht auf anderen Gebieten. Da fängt die Führung schon an, sich zu verteilen auf die Kompetenzen. Aber trotzdem muß man fragen: Ist das an einen Menschen gebunden? Darüber hat man sehr lange gearbeitet und sehr viele Versuche gemacht. Gibt es z. B. „geborene Führer"? Nun, die Amerikaner haben da Statistiken erstellt und haben sich zweihundert erstklassige Führer der modernen Wirtschaft und des Geisteslebens angeguckt, Leute, die durch ihren Erfolg bewiesen haben, daß sie führen konnten. Welche Eigenschaften haben sie? Man hat ihre Eigenarten aufgezählt, und dabei hat man gesehen, daß nur 5% gemeinsam sind. Also 95% ihrer Eigenschaften sind so verschieden, so gegensätzlich, sich fast ausschließend, daß man schließlich sagen muß: Mit jeder Charakterstruktur kann man Führer werden. — Dann gibt es weiterhin die Frage: Wie erleben die anderen einen Menschen als Führer? Und da kommt nun jetzt das Neue heraus, das Neue, daß der heutige Mensch eigentlich ein sehr feines Gefühl entwickelt, wer in einer Situation führend wird. Die Engländer haben während des letzten Krieges eine Reihe von Untersuchungen gemacht in der Royal Airforce: Sie haben gefragt, wer von der Gruppe in einem Flugzeug wird als der Leitende in einer Situation angesehen? Und dann erlebt man, solange man auf dem Flugplatz war, selbstverständlich den, der den höchsten Rang hatte. Sofort nach dem Aufstieg sagte man: Jetzt ist der Pilot derjenige, dem wir gehorchen, auch wenn er nicht den höchsten Rang hat. Dann kommt der Moment, wo man zum Angriff übergehen muß — da ist es der Navigator. Und dann sagte man: Stellen Sie sich vor, Sie werden abgeschossen über feindlichem Gebiet. Sie kommen herunter, die Gruppe vereinigt sich im Dunkeln und hält Rat und entschließt sich, nicht sofort in Kriegsgefangenschaft zu gehen, sondern einen Versuch zu wagen, das eigene Gebiet zu erreichen. Wer ist da der Führer? Das ist der Bordschütze hinten in der Kuppel — ein einfacher Soldat. Der bringt uns durch und nicht der Colonel! — Aus solchen Dingen hat man erfahren: Führertum ist gebunden an eine Situation. Und man hat das so ausgedrückt: Führertum, also Leitung übernehmen, ist eine Funktion in einer Situation. Es ist eine Funktion, die ausgeübt werden muß. Denn in jeder Situation muß Formtrieb da sein — und welches ist der Formtrieb, der in dieser Situation nun die besten Möglichkeiten gibt? Wer ist Träger der Formtriebkräfte, die man jetzt braucht? In diesem Augenblick ist dieser der Leiter, im nächsten Moment hat die Situation sich geändert und schon ist ein anderer derjenige, der in dieser Situation die Leitung übernehmen sollte, weil er der Geeignete ist.

Und das bedeutet, daß in der modernen Auffassung eigentlich die Leitung nicht mehr an einen Menschen gebunden ist, sondern eine freie Funktion ist, die herumwandert durch eine Gruppe zusammen arbeitender Menschen.

27

Und so gehört es zu den sozialen Fähigkeiten, zur moralischen Technik, daß man das auch ausüben kann, daß man so eine Freiheit untereinander hat, daß man einfach herumguckt und sagt: Ja — jetzt erwarten wir von dir das erlösende Wort — jetzt von dir — jetzt von dir. Jetzt bist du derjenige, der uns weiterhelfen kann auf unserem Wege. Und eine Gruppe, die das tun kann, die können wir nennen eine reife Gruppe. Eine Gruppe, in der Verkrampfungen und Angst vorbei sind. Denn das ist eigentlich das große Hemmnis, daß gewisse Menschen hierzu nicht imstande sind und glauben, wenn sie auf einem Gebiet führend sind, sollten sie es auch auf anderen Gebieten sein. Und Angst haben: Wenn ich das abgebe, verliere ich auch das andere! Jeder müßte wissen, daß er, gerade wenn er es abgibt, in seinem Führertum noch mehr anerkannt wird. So etwas muß man erlebt haben. Es ist Theorie — man muß es aber erlebt haben, daß Anerkennung, die man bekommt, höher ist, nachdem man das Führertum abgeben konnte an einen, der im gewissen Moment mehr von der Sache weiß und mehr Fähigkeiten hat. Dieses Frei-Herumwandern — darin unterscheidet sich die unreife Gruppe von der reifen.

Nun ist eine Gruppe, die anfängt, sich neu zusammenstellt, sowieso unreif, und Sie werden sehen, daß eine solche Gruppe zwei oder drei Sitzungen braucht, bevor diese Freiheit des Herumwanderns der Führung ganz frei atmend durch die Gruppe geschieht und ohne Verkrampfung selbstverständlich wird. Aber auch die Gruppe, die eine permanente ist, in einem Institut — eine Lehrerversammlung —, die braucht einiges, um aufzuräumen alte Voraussetzungen, fixe Ideen über den anderen. Das aufzuräumen bedeutet, daß wieder freies Atmen durch die Gruppe gehen kann. Und damit wird eigentlich ein ganz neues Führertum sichtbar. Wenn einer eine Verantwortung auf sich nimmt, dann hören die anderen auf dasjenige, was er sagt, denn das ist jetzt ausschlaggebend, er ist derjenige, der in diesem Moment dem ganzen sozialen Gebilde weiter helfen kann. Wir nennen dies das freie, herumwandernde Führertum.

Es kommt noch eines hinzu: daß derjenige, der einen Führungsakt ausübt, es immer so tut, daß er die anderen fördert, den anderen hilft, daß die anderen mitkommen. Und so sprechen wir heutzutage über ein pädagogisches Führertum oder — weil das „päd"agogische mit Kindern zu tun hat — nennen es agogisches Führertum. Das bedeutet, daß man im Führen immer versucht, die Dinge so zu bringen, daß man es nicht anstelle der Gruppe tut, sondern daß man der Gruppe hilft, ihren Weg zu finden. Daß man immer von dem anderen ausgeht und nicht von sich selbst. Es gibt z. B. Situationen, wo man der Gruppe auf theoretischem oder Erfahrungsgebiet weit voraus ist. In so einem

Fall kommt ein Problem auf, und es wird gesagt: Du bist derjenige, der Antwort geben muß. Nun kann man das auf zwei Weisen tun: Man kann einfach die fertige Antwort geben: So ist es. Dann ist die Gruppe unfrei — sie wird das gerne hinnehmen, wenn sie das Vertrauen hat, aber sie hat nichts gelernt. Besser ist es, es so zu bringen, daß man die Gruppe lehrt, das Problem allmählich selbst zu lösen.

Das ist ein Prinzip, das wir mit unserem Institut auf sozialem Gebiet überhaupt verfolgen. Wenn wir in eine Beratung gehen, in eine Schule oder in ein Institut oder einen Betrieb, dann sagen wir nicht: das sollt ihr so und so tun. Selbst wenn wir es wüßten, würden wir es nicht ohne weiteres sagen, denn damit hilft man den Menschen nur einmal. Es gibt ein altes chinesisches Sprichwort: Gib dem Mann einen Fisch, und er kann sich einen Tag ernähren. Lehre ihn fischen, und er kann sich sein ganzes Leben ernähren. Wir wollen die Leute fischen lehren! Wir wollen gerade die Abhängigkeit von uns als Sachverständigen auflösen. Und so muß man davon ausgehen, daß das echte agogische Führertum etwas ist, das immer eine pädagogische — aber Erwachsenen-pädagogische — Tätigkeit darstellt. Daß man sozusagen sein Expertentum, sein Wissen, seine Erfahrung immer an die Gruppe abgibt oder sogar der Gruppe mit einer sokratischen Frage antwortet: Ja, wie glaubt ihr, daß ihr das tun könntet? Dann kommen Vorschläge, und dann muß man die Sache so führen, daß die Leute allmählich selbst lernen, die Angelegenheit richtig zu lösen.

So kann eine Gruppe sich gegenseitig erziehen zu einer reifen Gruppe, wo nun nicht einer, der etwas kann, dieses sorgfältig hütet, damit kein anderer es lernt — denn in dem Moment könnte er ja glauben, überflüssig zu sein! Er hat sein Ansehen gerade dadurch, daß er gewisse Dinge kann; wenn er das weg gibt, glaubt er, sei das Ansehen dahin. Ja, die Abhängigkeit ist dahin — aber das Ansehen nicht! Einer der, was er kann, in die Gruppe hinein bringt, hat sich selbst als Führer in dieser Sache überflüssig gemacht. Damit ist er frei, um andere Dinge zu suchen! Wenn er es aber nicht abgibt, wird er nur immer das gleiche tun, was er schon kann, er kommt also selbst auch nicht weiter! — Wir haben also gesehen, daß die Führerrolle in einem Gespräch eine Funktion ist, die nicht an den Vorsitzenden gebunden ist. Wenn man einen formalen Vorsitzenden hat, hat er eine gewisse Aufgabe, und zwar, daß er die ganze Prozedur in Ordnung hält — darüber wollen wir später sprechen.

Und nun ist es so, daß man sagen kann: Neben der Führungsrolle in einer Gruppe gibt es auch eine Teilnehmerrolle. Unter „Rolle" verstehe ich: Er übt eine gewisse Funktion aus. Jemand hat die Rolle der Führung auf sich genommen — aber in diesem Moment geraten die anderen in die Situation des Teilnehmers. Auch da gibt es gewisse Dinge, die zu beachten sind. Die Teilnahme an einer reifen Gruppe verlangt Rollenbeweglichkeit. Man muß mehrere Rollen erfüllen können, um einer guten, reifen Gruppe folgen zu können. Nun ja, in einem Orchester ist es gestattet, nur ein Instrument zu spielen — bei Herrn Knierim muß man mindestens drei oder vier spielen! Aber wenn man ein Gruppengespräch hat, muß man auch mindestens zwei oder drei, manchmal sogar über zehn Rollen spielen können. Man muß in einem Moment, wo sie zu einem kommt, die Führung übernehmen können, man muß aber auch zuhören können. Man muß helfen können, man muß sorgen dafür, daß man nicht zu weit abschweift — es gibt zahllose Dinge, die zu beachten sind.

Nun gibt es aber jeden denkbaren Grad der Unbeweglichkeit, und das bedeutet Rollenerstarrung — und mit der Rollenerstarrung entsteht der Typ: der Typus der Menschen, die immer dreinhauen; der anderen, die sich immer zurückziehen; der Leute, die, wenn man etwas tut, sich entsprechend beleidigt fühlen oder so etwas. Es gibt viele solche Dinge, die dann immer wiederkehren. Die Rollenbeweglichkeit bedeutet, daß man vom Ich aus seine Leiber geschmeidig hält, sie verlangt einen geschmeidigen Astralleib, einen geschmeidigen Ätherleib, nicht wahr? Sie sind also gut der Übung wegen — diese Rollen! Und dann kommt noch der Rollenkonflikt — es gibt auch konfliktträchtige Rollen. Wir wollen später noch einmal über das Problem der Konfliktlösung sprechen.

Wir wollen heute mehr abschließend uns in Erinnerung bringen, daß das Zwischenmenschliche eine Reihe von Kenntnissen verlangt: Man muß etwas wissen über den richtigen Führungsstil, man muß wissen, was es bedeutet, zuzuhören, zu sprechen. Zuhören und sprechen ist die Funktion von Venus und Mars; die Funktion von Jupiter und Merkur ist das ganze Formgeben oder sogar die Form auflösen und etwas Neues erbauen. Bei Saturn und Mond hat man die Zielsetzung und die Zurückspiegelung, die Kontrolle, ob man die Zielsetzung auch erreicht hat. Und so können wir eigentlich die großen Planetenprozesse durch den ganzen Vorgang durchführen: Es muß eine Weite geben — Saturnkraft bedeutet, daß man sich weite Ziele setzt, aber der Mond spiegelt das zurück und fragt, wie weit seid ihr gekommen? Der Jupiter bringt große Gedanken, aber die neigen zur Erstarrung — der Merkur muß immer wieder auflösen und erneuern. Der Mars möchte immer reden — in der Gruppe spielt auch eine Rolle der Dauerredner, der anfängt, und dann kann jeder sagen: Jetzt brauchen wir uns gar nicht mehr hier mit der Sache zu befassen. — Es gibt aber auch das Zuhören (Venus). Und das Zuhören kann ungeheuer positiv sein, eine echte Lebensfunktion! Zuhören bedeutet, daß man so aktiv zuhört, daß der andere Mensch Dinge aussprechen kann, die er sonst nicht ausgesprochen hätte oder nicht hätte aussprechen können. Man kann vor einem gewissen Publikum Dinge aussprechen in einem Vortrag, die man vorher — vor ein paar Minuten noch — nicht gewußt hat. Mir ist das sehr gründlich widerfahren, meine wichtigsten Erkenntnisse sind entstanden einfach in einem Gespräch, einem Gruppengespräch oder in einem Vortrag, wo plötzlich mehr durch das Zuhören der anderen eine Sache sich abrundet und man zu seinem eigenen Erstaunen einen Schluß zieht, daß man sagt: das muß ich schnell aufschreiben, damit ich es nicht vergesse. Ich glaube, das ist eine Sonnenfunktion. Das Wort geht durch den großen Rhythmus hindurch.

Nun, haben Sie noch Aufnahmevermögen oder muß ich aufhören? Haben Sie noch zwanzig Minuten Mut? Gut! Dann wollen wir versuchen, die Prozedur, den Willensweg zu beschreiben. Da mache ich diese Zeichnung:

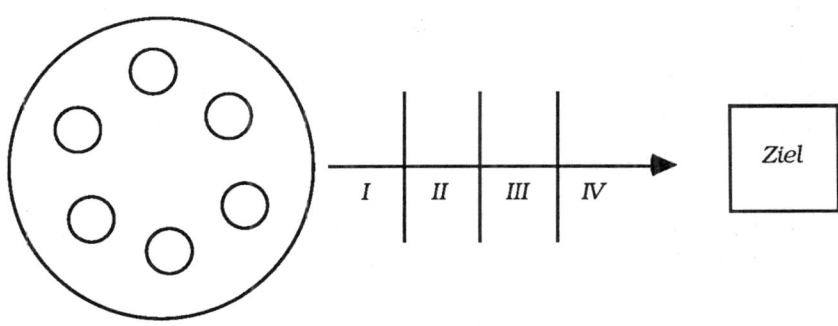

Ich zeichne hier eine Gruppe von Menschen, die ein Ziel erreichen will und die einen Weg geht auf dieses Ziel zu. Die Ziele können verschieden sein, das Ziel kann schon sein, daß man z. B. etwas besser verstehen will, ein intellektuelles Ziel also. Das Ziel kann eine Urteilsbildung sein, kann sein, daß man ein Problem lösen will, kann auch sein, daß man einen Entschluß fassen will. Nun, da gibt es verschiedene Phasen, und zwar sprechen wir über vier Phasen des Gruppengespräches, des Weges.

1. Die erste Phase ist die Gruppenbildung. Es hat gar keinen Zweck, in einer Gruppe etwas tun zu wollen, wenn die Gruppe keine Gruppe ist. Dann kann man es besser alleine tun. Es ist viel, viel praktischer, es dann alleine zu

tun. Wenn man sich entschließt, mit einer Gruppe etwas zu tun, ist das immer ein Weg, der länger dauert, als wenn man es alleine tut. Weshalb tut man es dann? Weil man weiß, daß, wenn eine Gruppe etwas beschließt, sich dann die Gruppe auch wirklich verantwortlich fühlt. – Nun, was bedeutet das und was ist dafür nötig, daß man eine Gruppe ist? Jeder in der Gruppe sollte sich fragen: Will ich in dieser Gruppe dieses Ziel erreichen? Will ich es, oder mache ich nur mit, weil ich muß? Aber ich will es eigentlich nicht. Menschen, die in eine Gruppe eintreten und eigentlich nicht wollen, machen die Gruppe kaputt. Sie schließen für die anderen aus, daß überhaupt eine Gruppenarbeit entsteht. Also es hat gar keinen Zweck, eine Gruppenarbeit anzufangen, wenn nicht jeder es will.

Dann ist die nächste Frage: Kann die Gruppe es, kann diese Gruppe dieses Ziel erreichen? Es ist schon eine gemeinsame Frage. Wenn z. B. eine Gruppe von – sagen wir – Kinderpflegerinnen zusammensitzt und die Frage gestellt wird, wie man am besten finanzielle Unterstützung bekommen kann, dann muß man sagen: Wir sind eine Gruppe netter Leute, die gern zusammen sind, aber dieses Problem können wir nicht lösen, weil einfach die Sachkenntnis nicht da ist. Wenn man sieht, wie oft da gesündigt wird, daß eine Gruppe anfängt mit einem Problem, für dessen Lösung sie überhaupt nicht die Grundlage hat! Das gibt ein endloses Geschwätz. Die Gruppe muß also wissen: Wir sind fähig im Prinzip, wir wollen es, wir könnten es eventuell – wir haben einige Leute, die dazu imstande sind. Aber ist die Gruppe richtig zusammengestellt? Sie müssen wissen, daß jeder Mensch, der in der Gruppe für die Zielsetzung nicht notwendig ist, die Gruppenarbeit verlängert und die Gruppe so behindert. Wenn man das auf eine Kurve überträgt, dann ist das eine Kurve, die so läuft:

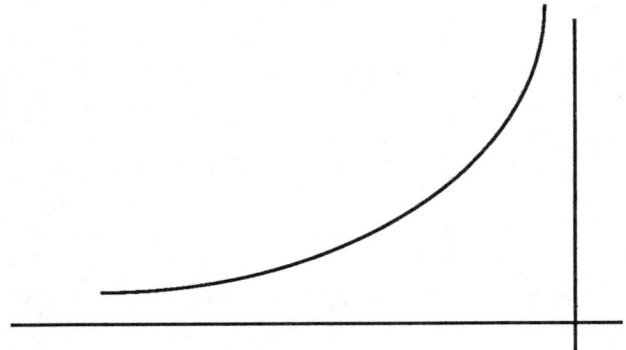

Das bedeutet: Jeder Mensch, der dazukommt, verdoppelt oder verdreifacht die Zeit, die für Gruppenprozesse nötig ist. Man muß wissen, was er darüber denkt, man braucht eine gewisse Zeit, damit jeder sich auch ausgesprochen hat — wenn man das statt mit fünf mit zehn Menschen macht, ist das nicht etwas, was zweimal so lange dauert, sondern vier- bis fünfmal so lange dauert das. Das geht im Quadrat hoch: das ist eine Formel $1/2\,n \times n - 1$. Wenn man das ausrechnet, dann bekommt man eine Kurve, die in die Höhe geht. Das ist mathematisch ausgedrückt — aber das ist auch eine Sprache. — Man muß also fragen: Sind alle Menschen, die in dieser Gruppe sind, nötig für die Problemlösung? Oder fehlen auch Menschen? Sind Menschen in unserem Institut, die eigentlich dabei sein sollten, weil sie Informationen haben oder weil sie für die Ausarbeitung der Zielsetzung später notwendig sind — und die nicht dabei sind? Wenn sie dann den Weg dahin nicht mitgemacht haben und später einsteigen müssen in dasjenige, was andere beschlossen haben, dann kann man nicht sagen, sie wollten es nicht — aber sie haben dann nicht die richtige Motivation, sie wissen nicht, warum die Dinge so gekommen sind. Wenn man den Weg mitgemacht hat, kann man besser dahinter stehen.

Und nun ist die Gruppe richtig zusammengestellt, und dann muß man noch eine Frage stellen: Wenn wir das tun — schließen wir dann andere aus? Eine sehr schwierige Frage! Eine Gruppe Menschen kommt zusammen und widmet sich begeistert einem Problem. Nun, indem sie das tut, schließt sie jetzt andere Menschen aus. Das ist eine Hygiene des Ausgangspunktes.

2. Jetzt kommt die zweite Phase: der Schritt der Bildgestaltung. In der Praxis ist es meist so: Einer erhebt sich: Ich weiß die Lösung schon. Wir machen das so und so! Nein, sagen die anderen, das wird so und so! Jetzt fängt die Diskussion an, es werden drei oder vier mögliche Lösungen gebracht. Das ist eine unhygienische Art der Grundarbeit; die zweite Stufe ist die Bildgestaltung! Wir müssen erst das Bild gestalten. Dabei handelt sich es um Information, die uns gegeben ist, um die Ausgangspunkte der Problemstellung. Sagen wir (wir wählen ein einfaches Beispiel), es wurde ein neuer Eßsaal gebaut, dieser neue Eßsaal soll nun eingerichtet werden, dafür sind DM X 000,— da. Nun wird die Frage gestellt: Wie soll er eingerichtet werden? Das soll nun nicht von der sogenannten Institutsleitung bestimmt werden, sondern von den Leuten, die wirklich in diesem Saal am meisten zu tun haben werden. Das ist dann eine Gruppe, die setzt sich zusammen: Was ist unsere Aufgabe? Dieser Saal ist da, der Grundriß ist gegeben, die Quadratmeterzahl ist so und so, die Fenster sind auf der einen Seite, auf der anderen Seite ist eine Mauer, die Türe ist dort — alles ist gegeben. Es soll ein Saal sein, worin gegessen wird. Nehmen Sie z. B.

eine Schule: Wollen wir den Saal nur gebrauchen für das Essen in den Pausen und in der Mittagspause oder wollen wir auch noch andere Dinge in dem Saal tun? Nun, das bedeutet, daß da gegebene Dinge sind, Informationen — man gibt jedem eine Grundrißzeichnung, daß jeder sich genau seine Vorstellung macht. Jeder Vorschlag, der über DM X 000,— geht, ist unrealistisch und also überflüssig. Nun kommen die Fragen: Wozu werden wir den Saal brauchen, wollen wir ihn auch gebrauchen für Theateraufführungen? Wollen wir nur mitgebrachtes Brot essen und Kaffee und heiße Milch dazu geben, oder wollen wir auch vollständige Mahlzeiten kochen? Wie soll die Küche eingerichtet sein, die dazu gehört? Soll ein Podium da sein? Soll der Saal auch von anderen benutzt werden? Damit hängt wieder die Beleuchtung zusammen usw. Wollen wir ein bis zwei große Tische oder eine Anzahl kleine Tische haben? Wollen wir immer den ganzen Raum ausnutzen oder wollen wir die Möglichkeit schaffen, den Raum zu teilen, daß wir auch einmal im kleinen Kreis untereinander sein können? Das sind alles Dinge, die möglich sind, aber man muß wissen, was innerhalb der Möglichkeiten wichtig ist. Damit ist einfach für jeden die Aufgabe klar. Wir müssen einen Vorschlag machen. Es ist nicht Aufgabe dieser Gruppe, einen Entschluß zu fassen, es ist ihre Aufgabe, einen Vorschlag zu machen. Also in diesem Falle ein Halt auf einem gewissen Punkt. Denn die Entschlußfassung wird in einer anderen, vielleicht anders zusammengestellten Gruppe stattfinden, die dann diesen Vorschlag verwendet. Man hat also zunächst eine reine Bildgestaltung über die Ausgangspunkte und über die Aufgaben.

3. Und jetzt fängt die eigentliche Urteilsbildung an. Das kann eigentlich nur die Gruppe mit Vorwissen. Viel endloses Reden geschieht, wenn über die Urteilsbildung gesprochen wird, bevor die Bildgestaltung zu Ende ist. Plötzlich kommt einer und macht einen gewaltigen Vorschlag und man sagt, das sei unmöglich, denn das kostet mindestens DM Y 000,—. Ja, was macht das, sagt er. — Wir haben aber nur DM X 000,—! — Ach, das habe ich nicht gewußt! — Man spricht dann manchmal über Dinge, weil man ein ganz anderes Bild hat, und dann kommt die Verwirrung in das Gespräch und kostet endlos viel Zeit. Ich sage Ihnen aus praktischen Gründen: Je weniger Zeit man hat, desto länger muß man auf die Bildgestaltung verwenden. Wenn man nur zwanzig Minuten hat, kann man ruhig zwölf Minuten auf die Bildgestaltung verwenden. Dann ist man sicherer in zwanzig Minuten fertig, als wenn man nur so loslegt und nach zwanzig Minuten merkt, daß die Menschen so viel wie nichts erfahren haben.

Die Urteilsbildung — das ist nun Sache der Kriterien, die man hat. Ein

Teil der Kriterien ist gegeben, bei der Urteilsbildung kommen dann zu dem, was schon gegeben ist, neue Kriterien hinzu: Was wären mögliche Lösungen? *Wollen* wir dies oder jenes? Man wird mit den Gegebenheiten Grenzen abstekken, und innerhalb dieses Raumes — das ist unser Freiheitsraum — wird man irgendwo einen Entschluß fassen. Hier existieren Grenzen, durch den Grundriß und durch die Geldsumme, und hier setzen wir eine weitere Grenze: Wir wollen z. B., daß der Raum nur für die Erwachsenen ist und nicht für die Kinder — wir wollen, daß er abends gebraucht werden kann, wir wollen auch, daß er für das Morgenlied gebraucht werden kann. Das sind unsere Kriterien. Wenn wir ihn auch für das Morgenlied gebrauchen, muß man ihn so einrichten, daß er leicht auszuräumen ist. Dann muß jeden Tag ausgeräumt und eingeräumt werden. Das gibt eine gewisse Voraussetzung . — Solche Kriterien müssen erst einmal festgestellt werden. Wollen wir es so, wollen wir es so? Das ist die *eigentliche* Gruppenarbeit — die *Urteilsbildung.* Schließlich kommt man an den Punkt, wo jeder weiß: Das ist unser Freiheitsraum, innerhalb dieses Freiheitsraumes müssen wir einen Plan machen. Und da gibt es zwei oder drei annehmbare Lösungen, die alle innerhalb der Kriterien liegen, die wir aufgestellt haben.

Und jetzt kommt die Wahl, die Gruppe überlegt — und das ist eigentlich die Problemlösung: Wir finden Lösung zwei die beste, und unser Vorschlag ist, daß Lösung zwei das ist, was wir wollen. Wir können noch hinzufügen: Es wären noch zwei andere Lösungen möglich, die aus anderen Gründen nicht angenommen sind. Und nun ist unsere Entscheidung gefallen, wir können zurückgeben, was wir als Entschluß gefaßt haben. Der Entschluß ist gefaßt — damit ist ein Problem gelöst. Am Ende der Urteilsbildung ist eine Problemlösung da.

4. Nun muß die Gruppe auch den Beschluß fassen — da muß sie wieder aufs neue an die Arbeit gehen. Es müssen jetzt, wenn man den Beschluß faßt, noch einige andere gefragt werden. Wie muß das jetzt ausgeführt werden? Was ist die Folge von Lösung a, b und c? Da haben wir Lösung b für uns am besten gefunden, aber wenn wir die Lösung b durchführen, was sind die Folgen davon? Und dann kommt man dazu, daß die Folgen einfach eine Anzahl weiterer Folgen bedingen, die man dann nebeneinander stellen kann. Wollen wir die Folgen akzeptieren oder nicht — *wollen* wir wirklich? Ob das ursprünglich von uns gedacht wurde? Jetzt stellt es sich heraus, daß Lösung b eine Folge hat, die wir doch weniger akzeptieren können. Z. B. daß dann gewisse Kinder nicht in den Saal hineinkommen, das wäre negativ. Nun — was hat die Lösung a und c für Folgen? Es stellt sich plötzlich heraus, daß die

Lösung c in ihren Folgen doch noch besser ist als Lösung b. Wenn der Entschluß gefaßt ist: Wir machen trotzdem die Lösung c und nicht b, wie wir gedacht haben — dann müssen wir noch dafür sorgen, daß auch zur Sprache gebracht wird, wer den Entschluß ausführt. Das ist ein Fehler, den ich oft gemacht habe: daß wir in einer Lehrerversammlung einen Entschluß gefaßt haben und nicht beschlossen haben, wer ihn ausführt. Da kann man in drei Monaten denselben Punkt noch einmal besprechen! Man muß also wissen: Wer führt ihn aus und welche Kontrollpunkte wollen wir jetzt schon festsetzen? Wir verabreden, daß wir in zwei Monaten in derselben Versammlung noch einmal durchgehen, ob die Durchführung gelungen ist oder nicht. — Die Kontrolle ist also das letzte. Wir schreiben es auch in den Kalender, für den 2. Mai nehmen wir uns vor, zu überprüfen, ob dieser Entschluß auch richtig ausgeführt worden ist.

Das ist eine Prozedur. Wir werden sagen, das ist ja furchtbar schwierig. Es ist aber, wenn man einigermaßen eingeübt ist, eine Selbstverständlichkeit. Dann sagt einer plötzlich: Stopp — wir sind jetzt in die Urteilsbildung schon hineingegangen, und unsere Bildgestalt ist noch nicht zu Ende. Darüber hat jeder zu wachen. Und wer offiziell der Vorsitzende ist, derjenige, der die Prozedur überwachen muß — wie ein Verkehrspolizist muß der sagen: Grün — Rot — Stopp — wir sind noch nicht so weit! Der übermenschliche Aufseher! Aber es kann auch jeder andere es tun, jeder in der Gruppe bei herumwanderndem Führertum.

Liebe Freunde, das war ein Versuch vorzutragen, was zu den „Fingerübungen" gehört. Man muß sich ans Klavier setzen und nicht nur spielen, sondern auch üben. Dann bekommt man es in die Finger. Das wollen wir nächste Woche tun. Das ist dann möglich, wenn ihr auch alle motiviert seid, das zu versuchen. Denn wenn man eine Arbeit einrichtet und einer nicht will, so macht er die ganze Gruppenarbeit unmöglich. Das ist eine große Verantwortung, die man auf sich nimmt. Aber das gehört immer dazu.

Die vier Stadien der Gruppenarbeit
Fragenbeantwortung vom 31. März 1970

Kann die vierte Phase der Prozedur auch zu einem anderen Zeitpunkt ablaufen?
Wir sehen die vier Stufen: Das erste war die Gruppenbildung, dann haben wir als zweites die Bildgestaltung, dann war das dritte die Urteilsbildung, das vierte die Beschlußfassung. Nun ist es möglich, daß eine Gruppe z. B. als Ziel nur die erste Phase hat. Wenn wir z. B. in einer Gruppe ein Fest feiern, einen geselligen Abend, dann hat die Gruppe nur die Gruppenbildung zum Ziel. Das ist eine Möglichkeit, daß man sagt, wir kommen ohne weitere Aufgabe zusammen, nur damit wir uns gegenseitig kennenlernen, damit wir uns freuen, daß wir überhaupt zusammen sind. Das ist nicht Unerlaubtes – nicht wahr –, Freude zusammen haben! – Das zweite – man kann einen Schritt weiter gehen: Eine Gruppe kann sich zum Ziel setzen, eine Bildgestaltung über eine Sache zustande zu bringen. So eine Gruppenarbeit ist die Information. Viele Gespräche finden statt, die eigentlich nicht weiter gehen als zur zweiten Phase. Es geht gar nicht darum, einen Entschluß zu fassen oder Probleme zu lösen – nur kurz informiert zu sein, z. B. über dasjenige, wie ein Ausflug morgen organisiert werden muß. Es können ganz einfach Dinge sein. Daß man genau weiß, was wird, wie spät, welche Kinder mitkommen, welche wir zuhause lassen, wer für die zuhause Bleibenden sorgt; daß jeder weiß, daß er auch richtig informiert ist. Oder es ist etwas passiert, es gehen verschiedene Geschichten, Gerüchte herum, was passiert ist. Und man ruft eine Gruppe zusammen und sagt: Nun wollen wir einmal die richtigen Informationen zusammenstellen, daß jeder dasselbe Bild hat über das, was geschehen ist. Daß wir das richtige Bild über die Tatsachen zusammen aufbauen. Der weiß das, dieser weiß jenes, die hat das zu sagen dazu – man bringt das zusammen, es entsteht ein vollständiges Bild, es gibt eine Klärung, es gibt eine Gesundung. Nicht wahr, das ist auch eine Gruppenarbeit!
Weiter: Die Gruppenarbeit kann bis zur Urteilsbildung gehen, z. B. bei einer Studiengruppe. Man will eine Sache studieren, man will gar kein Problem lösen, man will auch keinen Entschluß fassen, man will nur einfach eine Sache genauer betrachten. Wie beurteilen wir sie? Z. B. wollen wir uns einmal die Frage vorlegen: Ist es im allgemeinen besser, große heilpädagogische Institute zu haben, oder nur Institute, die aus einer Gruppe von kleinen Häusern

bestehen? Darüber herrschen die verschiedensten Auffassungen, der eine schwört auf ein großes Haus, der andere sagt: Nein, das ist ganz falsch, es sollten nur Pavillons entstehen – wie für eine Familie mit fünf, sechs Kindern. Was ist nun der Vorteil vom einen, was kann man mit dem einen, was kann man mit dem anderen erreichen – für welche Kinder ist ein großes Haus besser, für welche sind die kleinen Familienhäuser besser? Man kommt zu einer Urteilsbildung, und in einer Arbeitsgruppe, die sich so etwas erarbeitet hat, ist jetzt eine differenzierte Meinung entstanden. Es entstand nicht die Ansicht: Dies ist richtig, das ist falsch, sondern ein differenziertes Urteil ist gebildet, z. B.: Für bestimmte mehr zarte und autistische Kinder ist ein großes Haus manchmal zuviel, für andere Kinder, die z. B. nur schwach begabt sind oder vielleicht auch für Kinder, die sozial schwierig sind, ist ein großes Haus manchmal gut. Wenn ich bei uns in Zeist durch das große Haus gehe, wo um einen großen Korridor fünf bis sechs Gruppenzimmer liegen und in jedem Zimmer fünf bis sieben Kinder sind, wenn man abends viertel nach sieben nach dem Abendlied kommt – die Kinder sind ausgezogen, die Pflegerin ist beim Vorlesen, da kommt plötzlich ein Kind aus einer anderen Gruppe herein, setzt sich dazu und hört mit. Der zweite rennt zu einem anderen, muß ihm noch etwas erzählen. Das ist eine Art der Geselligkeit, das ist wie eine Straße, wo mehrere Familien wohnen, die erreichbar sind füreinander. Sehen Sie, wenn man all die Gruppen in Pavillons hat, dann sind die Gruppen nicht erreichbar füreinander. – Aber für andere Kinder ist das wieder zuviel. Man kommt also, wenn man so ein Problem sich vornimmt, einfach zu einer differenzierteren Urteilsbildung. Wir bilden uns ein Urteil, und damit sind wir zufrieden.

Nach der Urteilsbildung gibt es auch eine Möglichkeit, daß man zu einer Problemlösung kommt. Nun muß nicht nur ein Urteil gebildet, es muß ein Problem gelöst werden, das ist eine intellektuelle Tätigkeit. Z. B. in einer Kinderbesprechung, die ein bekanntes Kind bespricht: Es geht nicht mehr mit einem Kind in einer Gruppe. Es kommt gar nicht aus seiner Schwierigkeit heraus. Was ist das? Die einen behaupten: Das Kind muß weg, das kann nicht hier bleiben – andere sagen: Das kann man nicht machen, ein Kind wegschikken, man muß es behalten, auch wenn es schwierig ist. Nicht wahr, das sind solche festgefahrenen Meinungen. Nun ist das Problem: Was wird mit dem Kinde – denn so wie heute geht es nicht mehr. Die Gruppenleiterin hat gesagt: Ich kann es nicht mehr, die Gruppe geht kaputt, die anderen Kinder werden schwieriger davon. In der Klasse entstehen Schwierigkeiten: Es ist ein Problem da, das Problem muß gelöst werden. Man braucht noch nichts daran zu tun — aber wie faßt man überhaupt das Problem an, was ist in diesem Fall zu machen? Und dann ringt man darum, jeder trägt etwas bei, und es entsteht eine Urteilsbildung über die Sache, über das Krankheitsbild des Kindes, vielleicht auch ein Begreifen, warum es in eine schwierige Phase gekommen ist. Das allgemeine Urteil ist da, und man hat das Problem noch gar nicht gelöst — man kann nur sagen: Was könnte man möglicherweise mit dem Kinde tun?

Nun, wir alle haben wohl darin Erfahrung, wie eine Gruppe von Menschen sich so um ein Kind bemüht, das ganz besonders schwierig ist! Wir hatten einmal einen Jugen, der so richtig aus einem Elendsviertel in Amsterdam kam. Damals hatten die Autos noch Winker, die so ein- und ausklappten — und er hatte als Spezialität, daß er die Winker immer herauszog und herumdrehte und sie kaputtmachte. Dafür war er mehrmals von der Kinder-Polizei verhaftet worden. Es war ein furchbar schwieriger Junge, ein sehr beweglicher Psychopath. Überall gab es Schwierigkeiten, er wurde von einer Gruppe zur anderen geschickt. Die Sache war ein Problem, man mußte das Problem lösen, was kann man überhaupt machen? Die Gruppe wurde nicht fertig, es kam nicht einmal zu einer gemeinsamen Urteilsbildung. Jeder ging weg und hatte die Vorstellung: Wir durchschauen das eigentlich noch nicht, aber wir wollen nächste Woche daran weiter arbeiten. — Am nächsten Mittwochnachmittag großes Erstaunen: Der Junge hatte während der ganzen Woche keine einzige Schwierigkeit mehr gemacht! Man sagte: Ja, was ist eigentlich jetzt geschehen? Da habe ich gesagt: Man kann genau wissen, was geschehen ist! Bis jetzt hörte er, wo er überhaupt nur herein kam: „Geh' raus!" — überall wurde er abgewiesen. Nachdem diese Gruppe über ihn gesprochen hatte, war jeder an dem Jungen interessiert. Der Junge hat plötzlich am Donnerstag erlebt: Was ist denn heute in Gottes Namen mit dem Haus passiert? Vorher war ich überflüssig und jetzt sind sie plötzlich nett, nur wenn ich zur Tür herein komme! Er hatte das Erlebnis: Das hat sich geändert. — Die Urteilsbildung war nicht fertig, aber wir hatten plötzlich daraus gelernt, daß nicht nur das Kind ein Problem ist, sondern das Problem immer das Kind in der Gemeinschaft ist. Und daß, wenn die Umgebung sich ändert, sich manchmal das Benehmen der Kinder auch ändert. Wenn man einem Kind abweisend begegnet, dann steigert es sich immer in Negatives hinein; wenn wirklich die ganze Umgebung sich ändert, ändert sich auch das Kind. Die Urteilsbildung also kann auch darin bestehen, daß man auf die Idee kommt: Nicht nur das Kind ist ein Problem — auch wir sind ein Problem als Umgebung; vielleicht sind wir als Umgebung ein viel größeres Problem als das Kind! Nun, der Junge war schon auch ein Problem — natürlich! Das war eine Wechselwirkung zwischen dem Punkt und der Peripherie: Der Junge war der Punkt, und als die Peripherie sich änderte, hat sich der Punkt plötzlich auch geändert. (Einwurf: *Das ist eigentlich ein Beispiel für eine falsche Problemstellung!*) Das war eine falsche Problemstellung! Die Problemstellung war: Was muß mit dem Kind geschehen? Und jetzt wird man mit der Urteilsbildung nicht fertig und muß sagen: Man muß das Problem neu stellen. Wie ist die Wechselwirkung zwischen Kind und Umgebung? Was kann die Umgebung tun, um das Kind wieder aufzufangen? – So gibt es alle möglichen Probleme. Es gibt wissenschaftliche Problemlösungen, wenn eine Ärztegruppe mit der Frage ringt: Wie entsteht eine Nierenkrankheit? Wie verstehen wir diese Nierenkrankheit anthroposophisch? Da sehen wir auch wieder: Die Gruppe muß zusammenstehen, wir müssen alle interessiert sein an der Problemlösung – sonst hat es keinen Zweck. Wir kommen zu der Bildgestaltung: Was wissen wir an Fakten – was sind die Tatsachen des Krankheitsbildes? Und dann: Wie beurteilen wir die Sache vom Anthroposophischen aus? Ist das eine Krankheit, wo der Ätherleib geschwächt ist, oder wo der Astralleib zu stark eingreift, oder was ist eigentlich los? Nun, da kommt man zu einer Problemlösung, und die ist dann so, daß man sagt: Wir als Gruppe haben das Problem in dieser Weise gelöst. Es ist eine intellektuelle Tätigkeit, also mehr eine Sache des Denkens.

Man kann aber auch einen anderen Weg gehen – und das ist der Entschluß. Der Willensweg wird eingeschlagen. Z. B. es muß ein Entschluß gefaßt werden: Bauen wir oder bauen wir nicht? Nun, das ist ein sehr wichtiger Entschluß – eine Gruppe von Menschen kommt zu der Frage: Wollen wir größer werden oder wollen wir so groß bleiben, wie wir jetzt sind? Meistens läßt man sich durch die Tatsachen einfach mitreißen – es kommen viele Anmeldungen! Nun, sei es, wollen wir größer werden und wollen wir bauen oder nicht? Nun, dann wird ein Entschluß gefaßt: Ja oder nein? Sehr deutlich! Wir wollen über die heutigen Möglichkeiten hinaus mehr Kinder aufnehmen, wir müssen also bauen. Oder wir tun das nicht und bleiben, wie wir sind, und müssen Kinder abweisen. Nun ist es wieder wichtig, daß es die richtige Gruppe ist. Jeder muß sich dafür interessieren. Jeder, der da mitspricht, muß in irgendeiner Weise etwas Positives beizutragen haben – sei es, daß er die pflegerischen Probleme kennt, vielleicht auch die finanzielle Übersicht hat, der andere hat mehr mit den Behörden zu tun; es müssen die verschiedensten Menschen da sein, jede Ansicht des Problems muß vertreten sein. Man kann nicht alle fünfzig Mitarbeiter daran beteiligen, denn dann kommt man nie zu Rande. Es muß also aus der ganzen Gruppe ein Ausschuß entstehen. Das ist eine Frage, die uns noch beschäftigen wird: Wie kommt ein Ausschuß in gesunder Art zustande, so daß man ihn akzeptieren kann. — Also die Gruppe ist nun da. Da geht es wieder um die Bildgestaltung — was ist das Problem, was sind die Fakten, was sind die Möglichkeiten — haben wir Grund und Boden, können wir anbauen oder nicht, alle diese Fragen stehen da. Und nun kommt es hier zur Urteilsbildung. Wenn wir das tun, muß es so und so geschehen, denn dann läuft es so und so. Nehmen wir ein Institut mit sechzig Kindern an — das ist eine nette Anzahl für ein nicht zu großes Institut —, hat es dann Zweck, es auf siebzig auszudehnen und dafür sich sehr viele große Schwierigkeiten zu machen? Dann muß man schon auf hundertzwanzig gehen oder auf hundertfünfzig, damit die Sache dann auch richtig vollständig wird. Nun, wir wollen nicht weiter gehen vorläufig als maximal hundertzwanzig — aus gewissen Gründen. Das ist dann wieder so ein Urteil, zu dem wir aus Gründen, die wir zusammen erarbeitet haben, gekommen sind. Und das ist ein Entschluß: Nicht mehr als hundertzwanzig. Geld können wir so und so viel haben — Grund haben wir nicht — wir müssen also neuen Grund kaufen. Das neue Wohnheim muß entweder ganz im Freien oder soll in einer Stadt liegen, wo auch anthroposophisch gearbeitet wird. Solche Dinge gehören zur Urteilsbildung. Das soll die Gruppe entscheiden, das ist kein Dogma. Der eine sagt: Wir wollen ganz unter uns bleiben im Wald oder auch in einem einsamen Tal oder auch in der Heide — die anderen sagen: Nein, wir wollen mit unserer Arbeit gerne uns anlehnen an eine Stadt, wo unsere Kinder auch auf die Waldorfschule gehen können. All solche Dinge müssen einfach von einer Gruppe als Urteilsbildung abgesteckt werden. Und da ist wieder so ein Raum — den Freiheitsraum nenne ich das immer —, worin die Sache möglich wird. Und dann kommt die Entschlußfassung: Was sind die möglichen Lösungen? Bei jeder möglichen Lösung untersucht man ganz genau die Konsequenzen — und die schreibt man auf. Nun hat man eine Reihe möglicher Lösungen und Konsequenzen. Und jetzt kommt wieder aufs neue eine Urteilsbildung; die Urteilsbildung kommt jetzt zurück, denn man muß sich jetzt sagen: Wollen wir den möglichen Lösungen folgen, oder wollen wir nicht? Welche sind für uns akzeptabel, welche nicht? Dann muß ein Entschluß gefaßt werden, der dann in den Willen hinein geht, und man sagt: Jetzt haben wir uns entschlossen, dieses zu wählen, und wir akzeptieren die Folgen. Und wir fassen den Entschluß: So tun wir es! Wir wählen die dritte Lösung. Damit ist der Wille angesprochen, jetzt muß die Sache auch geregelt werden: Wer macht was — und wie gehen wir weiter?

Damit ist eigentlich die ganze Sache aus dem Gebiet der Wahrnehmung übergegangen in das Gefühlsmäßige des Geschmacks. Da gibt es kein falsch oder richtig; wenn eine Gruppe ein Urteil bildet: Wir wollen in einem einsamen Tal leben, dann soll sie das machen. Es ist die Freiheit der Gruppe, das auszuleben, davon die Vorteile zu akzeptieren.

Die Gruppenarbeit kann also in jeder Phase aufhören, je nach dem Ziel, das man sich gesteckt hat. Aber es ist eine psychologische Tatsache, daß, wenn eine Gruppe einmal angefangen hat, sie die vier Stadien zuende durchlaufen möchte. Wenn eine Gruppe z.B. nur in die Bildgestaltung hineinkommt, dann werden Sie sehen, daß sofort einige finden, daß sie eigentlich weiter gehen müssen und noch zum Entschluß kommen wollen und zur Problemlösung. Es ist eine gewisse Zurückhaltung notwendig oder eine sehr deutliche Absprache. Sie sehen das ganz besonders im öffentlichen Leben, am Betriebsrat. Der Betriebsrat ist eigentlich zur Bildgestaltung da. Nun, sofort sagt man: Die können gut reden — eine Demokratie ist doch dazu da: Das Mitbestimmungsrecht will man haben. Eigentlich wurde die Sache ursprünglich eingerichtet, damit die Leute wissen voneinander, damit man oben weiß, welche Schwierigkeiten unten sind und man unten weiß, was man oben vorhat, was in der nächsten Zeit geschehen wird. Aber wenn man einmal zusammensitzt und über die Bildgestaltung redet, dann will man sofort in diesen Dingen auch mitreden. —

Bei der Bildgestaltung geht es um Mitwissen, bei der Urteilsbildung um das Mitreden und bei der Problemlösung um das Mitentschließen. Dazu kommt — und das ist immer der letzte Weg, wenn es in den Willen hinein geht — die Verantwortung. Wenn wir als eine Gruppe von Ärzten ein Problem lösen — z. B. eine gewisse Krankheit, die in der äußeren Medizin in einer gewissen Art beschrieben wird, so erarbeiten wollen, daß wir das auch anthroposophisch verstehen —, dann ist das eine Problemlösung, die weiter keine Konsequenzen hat, als daß sie dem Menschen einen besseren Einblick gibt. Es kann sehr gut sein, daß man nach einiger Zeit sagt: Hier lag man doch falsch, wir wollen es revidieren. Sofort aber, wenn es in den Willen hinein geht und es zum Entschluß kommt, der zu Taten führt, entsteht die Frage der Verantwortung.

Wer kann einen Entschluß fassen? — Und nun komme ich auf die Frage, die gestellt wurde: Es gibt z.B. in vielen Fällen eine Gruppe, die über ein Problem ein Urteil bilden muß. Wir als Gruppe aus einem Institut sehen das Problem so, daß wir es richtig finden, daß wir mit unseren Kindern in einem einsamen Gebirgsdorf versuchen, ein neues Institut zu gründen. Aber können wir auch den Entschluß fassen? Denn das gehört auch dazu, daß man dann auch die Verantwortung dafür übernimmt, daß es zustande kommt. Manchmal ist es so, daß eine andere Gruppe dann den zweiten Weg macht zwischen Urteilsbildung und Entschlußfassung. Dabei wird sie dem Urteil der ersten Gruppe Rechnung tragen. Man kann z. B. für ein großes Problem — wie eine Vergröße-

42

rung oder den Umzug eines Institutes — drei, vier Gruppen haben, die jede von ihrem Gesichtspunkt aus eine Urteilsbildung abgeben, einen Rat geben. Nun hat man drei Urteile von drei verschiedenen Gruppen — vielleicht kann man die noch einmal in einen größeren Kreis miteinander setzen —, dann hat man die ganze Institutssituation. Wenn man dann etwas beschließt und in die Wirklichkeit eingreift mit dem Willen, bedeutet das, daß diejenigen, die das tun, auch dafür stehen müssen. Und das Merkwürdige ist, daß viele Menschen wohl einen Entschluß mitmachen wollen, aber nicht dafür geradestehen wollen. Daß sie dann nicht sagen: Da habe ich also die Konsequenzen zu tragen, wenn das geschieht, daß ich für die nächsten drei Jahre auch dahinter stehen werde und nicht nach einem Jahr kündige, nicht wahr! Wenn man einen Entschluß faßt über eine Sache, die über drei, vier Jahre läuft, dann muß auch der Entschluß dasein: Ich stehe dafür und trage das mit, Glück und Leid, Gutes und Böses, was dabei passiert. Dazu bin ich bereit. Man kann eigentlich nur einen Entschluß fassen mit Menschen, die bereit sind, die Folgen des Entschlusses mit auf sich zu nehmen. Nicht nur, daß sie es wollen, sie müssen es auch können. Denn manche möchten schon die Folgen auf sich nehmen, aber können es nicht. Das ist eine große Schwierigkeit und eine Taktfrage: Wem überläßt man den Entschluß? In manchen Fällen ist es so, daß ein gewisser Ausschuß aus dem Mitarbeiterkreis die Verantwortung auf sich nimmt für die Kontinuität einer Arbeit, der sich dann verpflichtet, nicht nur heute, sondern auch in mindestens noch sieben Jahren da zu sein. Wer sich so verpflichtet, hat eine andere Funktion im Institut. Es ist nicht so, daß er dadurch ohne weiteres die Führung inne hat, aber er hat die Funktion der Kontinuität. Und nur diejenigen, die die Funktion der Kontinuität auf sich nehmen wollen, können auch über eine längere Zeit beschließen. Denn es ist keine Kunst, einen Entschluß zu fassen und dann der Sache davonzulaufen.

Das ist der Punkt: Wer entschließt sich für die Kontinuität einer Sache? Der kann sogar gewählt werden aus dieser Gruppe, es kann ein Ausschuß gewählt werden, der nun die Entschlüsse faßt, aber dann auch die volle Verantwortung dafür trägt.

Dieses, was von verschiedenen Studiengruppen als Urteilsbildung, als Wünsche, als Vorschläge, als Möglichkeiten kommt — das sind für diese Menschen dann wieder die Tatsachen. Man hat die drei Ratschläge, sie sind jetzt Bildgestaltung für die Gruppe, die den Entschluß faßt.

Man tut also gut daran, wenn man in einer Gruppe zusammen ist, sich einmal zu fragen: Was ist eigentlich unsere Aufgabe? Sind wir zur Bildgestaltung da, sind wir zur Urteilsbildung da, zur Problemlösung oder nur zum

Entschluß? Nicht weiter gehen wollen als bis zu demjenigen, was man sich als Aufgabe gestellt hat! Das ist sehr schwierig, weil man rein psychologisch schon, wenn etwas einmal angefangen hat, den Weg zuende gehen will. Das hat damit zu tun, daß man sich ja für seinen Beruf auch begeistern kann.

An der Tafel:

Gruppenbildung	*Bildgestaltung*	*Urteilsbildung*	*Problemlösung*
	Mitwissen	*Mitreden*	*Mitentschließen, Mitverantwortung.*

Problemlösung kann sein:
Wissen (Denken)
Entschluß (Wollen).

44

Lebensstufen von Menschen und Gemeinschaften
Zweiter Vortrag vom 1. April 1970

Liebe Freunde, heute morgen haben wir vor, zu sprechen über Lebensstufen von Menschen und Gemeinschaften. Wir kommen damit in das Problem der Entwicklung hinein, zum Problem der Entwicklungen überhaupt. Ich will jetzt anfangen mit kleinen, praktischen Dingen, um uns ein Bild zu schaffen über den menschlichen Lebenslauf.

Da haben wir die großen Rhythmen, die Rudolf Steiner angegeben hat, die Dreimal-sieben-Jahresrhythmen, bis einundzwanzig, bis zweiundvierzig, bis dreiundsechzig. Und besonders in den letzten Zyklen, die er gehalten hat, im „Initiatenbewußtsein" (Das Initiaten-Bewußtsein. Elf Vorträge, Torquai/ England 1924, GA 243), hat er gesprochen über die Lebensalter als Auffassungsorgane. Da hat er beschrieben, wie jedes Jahrsieb dem Menschen ein neues Auffassungsorgan gibt, um die Welt neu aufnehmen zu können. Er kann sozusagen durch ein neues Auge die Welt wahrnehmen und dadurch auch neu antworten. Das gilt auch für den Geistesforscher. Er sagt, wenn man zweiundvierzig Jahre alt ist, kann man schon ein vollständiger Geistesforscher sein, kann aber über gewisse Grenzen nicht hinauskommen. Man kann die größten Offenbarungen des Kosmos schon offenbaren, aber man kann sie nur lesen im Spiegel des Mondes. Man muß dreiundsechzig Jahre alt sein, um als Geistesforscher in gewisse Realitäten der geistigen Welt hineingehen zu können. Als er das aussprach, war er gerade vierundsechzig Jahre alt geworden, da konnte er es also aussprechen — es war 1924. So muß man wirklich sagen: Die Lebensalter als Auffassungsorgane sind wichtig. Das gilt für den einzelnen, das gilt aber auch für Gemeinschaften. Auch Gemeinschaften haben ihre Rhythmen, und eine Gemeinschaft, die etwa zwanzig Jahre schon da ist, kann andere Dinge erfassen als eine Gemeinschaft, die erst vier, fünf Jahre besteht. Auch da gelten unerschütterliche Gesetze, die man kennen muß und von denen man sagen muß: Man kann sie nicht forcieren. Wenn man versucht, sie zu forcieren, dann kommt man nur dazu, daß die Türen wieder zugehen und der höchste Zugang zum Lebensrätsel, den man versucht, wieder verschlossen wird. Es ist eine gewisse Gelassenheit nötig, die man da üben muß. Vielleicht darf ich darüber sprechen, da ich selbst jetzt über dreiundsechzig Jahre alt bin und diese Dinge nun hinter mir habe und wirklich sagen kann, was es bedeutet, diese drei mal einundzwanzig Jahre absolviert zu haben.

Nun, das bedeutet etwas wie eine innere Befreiung von einem gewissen Lebensgebiet und das innere Gefühl: das übrige Leben ist eine Zugabe. Es ist eine Zugabe. Es ist eine Zugabe, und man darf jetzt sozusagen aus der Fülle, die man erlebt hat, schenken — oder aber man geht überhaupt zurück und fängt an zu vegetieren. Ob das sein darf, das hängt nicht von einem selbst ab, das hängt gerade von der Gemeinschaft ab. Da hat die Gemeinschaft die Möglichkeit, gewisse Dinge gemeinsam zu lösen.

Nun, ich wollte versuchen, einmal einige Dinge schematisch darzustellen, und wir werden dann später mehr auf das Tiefe, das dahinter steht, eingehen. Wir wollen jetzt den menschlichen Lebenslauf überschauen vom Biologischen, vom Physisch-Ätherischen aus. Und da können wir ihn ungefähr so zeichnen:

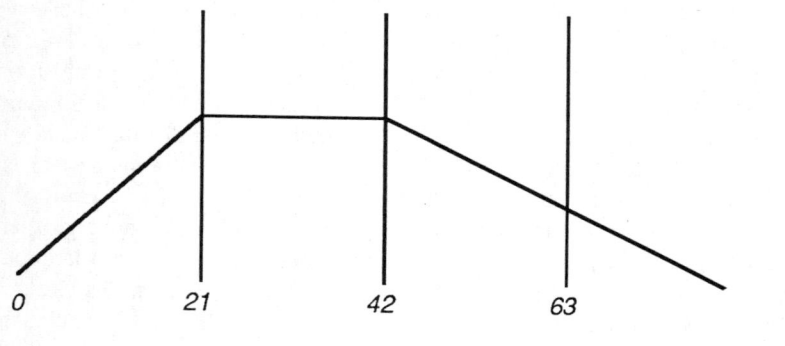

Wann das zu Ende geht, das ist eine Frage. — Was bedeutet diese Zeichnung? Sie bedeutet, daß während der ersten einundzwanzig Jahre noch ein deutlicher Überschuß da ist an physisch-ätherischen Kräften, so daß der Körper noch zunimmt. Man wächst noch bis zum einundzwanzigsten Jahr. Sie wissen, bei der Frau schiebt sich das etwas vor, sie ist mit achtzehn, neunzehn Jahren voll ausgewachsen — beim Mann geht es noch weiter bis zum zweiundzwanzigsten Jahre. Der Mann ist in seiner Entwicklung in dieser Hinsicht etwas langsamer als die Frau. In den ersten einundzwanzig Jahren ist das Mädchen überhaupt dem Jungen voran — das ändert sich dann gottseidank später! — Dann gibt es zwischen einundzwanzig und zweiundvierzig Jahren eine Mittelstufe des Lebens, in der sozusagen ein Mitte-Gleichgewicht besteht. Zwar sagt Rudolf Steiner: Schon im fünfunddreißigsten Lebensjahr fängt die heruntergehende Lebenslinie an, aber ich habe das jetzt für alle — damit man nicht allzu traurig wird — bei zweiundvierzig gezeigt, mit fünfunddreißig wird es noch nicht bemerkbar — mit zweiundvierzig wird es sehr deutlich, daß der ätherische Leib den physischen allmählich verläßt, sozusagen die Physis immer physischer wird und damit eine gewisse Unbeweglichkeit auftritt. Man merkt das zuerst an den Augen, wenn man eine Lesebrille braucht, man merkt es auch, daß das Lungengewebe etwas steifer wird, wenn man gerannt ist, um eine Tram zu bekommen — denn dauert es länger, bis man wieder zu Atem gekommen ist. Das hängt damit zusammen, daß alle Gewebe weniger elastisch werden. Dieses Weniger-elastisch-Werden bedeutet einfach, daß der Ätherleib anfängt, sich zu lösen und den physischen Körper mehr sich selbst überläßt. Dieser Prozeß ist eine unabänderliche absteigende Linie. Nun, das ist eine Gegebenheit. In der Wissenschaft sagt man: Der Lebenslauf aller Lebewesen ist chronotypisch bedingt. Eine Maus hat eine Lebenszeit von, ich glaube zwei Jahren maximal. Ein Pferd etwa von achtzehn Jahren, eine Kuh von vierzehn, fünfzehn Jahren, eine Katze kann dreizehn bis vierzehn Jahre alt werden. Jede Art, auch der Mensch, hat einen chronotypischen Lebenslauf. Der Mensch ist veranlagt auf ungefähr achtzig Jahre, er kann vielleicht, wenn er gut gepflegt wird, das noch länger ausdehnen, aber auch die besten heutigen medizinischen Errungenschaften haben keine Spur davon zustande gebracht, daß man den Lebenslauf an sich verlängert hat. Man hat nur erreicht, daß es mehr leiblich gesunde Menschen im Alter gibt, aber das Sterben hat man noch nicht wesentlich herausgeschoben. Man hat ein Ausklingen möglich gemacht, das sonst durch Krankheit abgebrochen wurde. Nun, die Menschen sind jetzt dabei, durch unvernünftiges Leben das wieder einzuschränken — das Sterben an den Herzkrankheiten z. B. in den vierziger, fünfziger Jahren nimmt so überhand, daß man sagen muß, auf der einen Seite sucht man das Leben zu verlängern, auf der anderen setzt man alles daran, um es zu verkürzen.

Diese Kurve über den Lebenslauf sagt uns schon etwas — sie bedeutet, daß jeder Mensch damit leben muß. Wie lebe ich als bewußter Mensch mit dieser Tatsache? Wie gehe ich damit um? Wenn man so in den zwanziger Jahren ist — dann hat man die Empfindung: Das Leben ist endlos weit vor mir. Ans Ende denkt man nicht. Mit Anfang der vierziger Jahre, da fängt schon einiges an zu rumoren, aber man schiebt das weg — das ist allzu menschlich —, man hat noch viel zu tun, man denkt nicht daran. Aber es kommt der Moment, wo man unbedingt plötzlich von hinten zurück zu zählen anfängt.

Und plötzlich sich sagt: Ich möchte das noch tun, dazu habe ich noch acht oder zehn Jahre, ich muß mich beeilen – aber ich weiß aus Erfahrung, daß acht Jahre sehr schnell vorbei sind, um etwas zu schaffen. – So fängt man plötzlich an, von hinten zurück zu rechnen über gewisse Erdenaufgaben. Das ist eine Tatsache. In der äußeren Welt ist das eine Sache, worüber man überhaupt nicht spricht, ganz besonders nicht in der westlichen Welt. In England, Amerika ist es nicht statthaft, über diese Dinge zu sprechen, besonders in Amerika nicht, wo man sagt, jedermann soll so lange wie möglich jugendlich aussehen. Wenn man etwas weniger jugendlich aussieht, dann ist man schon abgeschrieben.

Ist es so, daß die seelisch-geistige Entwicklung parallel geht zur biologischen? Man sieht sehr deutlich, daß die seelisch-geistige Entwicklung hier stark vorangeht. Das Kind lernt in den ersten Jahren ungeheuer viel, Woche auf Woche.

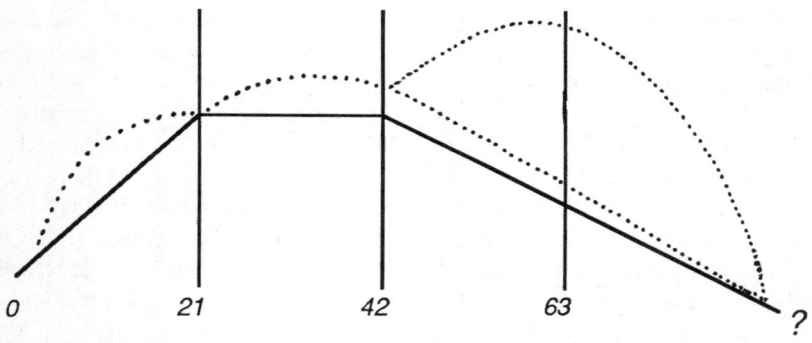

In den ersten zwei, drei Lebensjahren ist man erstaunt, was in der einen Woche wieder dazu gekommen ist an Bewußtseinskräften – an Meisterung der neuen Worte, des Geschehens, des Spielens. Man schafft im übrigen Leben nie mehr so viel, wie man in den ersten drei Jahren schafft. Es geht dann so weiter, daß eigentlich das Lernen allmählich abflaut, die Qualität der Dinge gilt dann. Darauf werde ich später noch einmal eingehen. Dann kommt man an das zweiundvierzigste Jahr heran und damit eigentlich an eine ungeheuer interessante Tatsache: Bei dem Absinken der leiblich-biologischen Kräfte gibt es zwei Möglichkeiten der weiteren geistig-seelischen Entwicklung. Die eine ist, daß der geistig-seelische Rhythmus dem Physischen folgt und mit herunter geht. Die zweite Möglichkeit ist, daß hier ein Schwung in die Höhe geht und ein Niveau erreicht, das weit über das von zwanzig, einundzwanzig, zweiundzwanzig hinaus geht und vielleicht langsam erst, zum Schluß, auch absinkt, vielleicht erst in den letzten Jahren dem physischen Zerfall folgt.

Was ist das für eine merkwürdige Tatsache? Es ist eine Weiche, wo nun sozusagen in die Freiheit des Menschen gegeben ist, wie er seine geistig-seelische Entwicklung weiterführt. Der eine Weg ist der, daß der Mensch sein Eigenwertgefühl sucht: Was bin ich, was leiste ich, wo stehe ich in der Welt, was ist mein Wert? Er findet es an demjenigen, was die körperliche Leistung ist, körperliche Aktivität, oder auch geistige Aktivität. Ganz besonders die aktiven Menschen stehen in Gefahr, durchzurennen und ihre Aktivität im Selbertun der Sinne weiter zu führen. Man sieht es besonders bei führenden Menschen an höchsten, aber auch bei führenden Menschen an mittleren Stellen, die ungeheuer viel in den Jahren bis zweiundvierzig geleistet haben, sich entfaltet haben, die eine Sache „schmeißen" können – etwa die Leitung einer Küche –, die tüchtig organisieren: „Tu das, tue dies – schnell, um halb eins müssen wir fertig sein" –, und alles läuft und jedermann ist zufrieden mit diesen aktiven Menschen, weil sie gerade die Möglichkeiten für ihre Tätigkeiten in den Händen haben. – Und dann besteht die Gefahr, daß man versucht, diese Art der Aktivität festzuhalten, auch wenn mit dem Älterwerden allmählich die körperlichen Kräfte abnehmen. Immer schwerer und schwerer wird es, diese Aktivität noch weiter aus dem Leib heraus zu pressen. Wer kennt nicht die Hausfrauen, die eine reiche Kinderzahl hochgebracht haben, die in den fünfziger Jahren immer klagen: „Ja, ich habe mein ganzes Leben schuften müssen, ich muß noch heute jeden Tag schuften; wenn ich nicht da bin, dann verschmutzt alles. Ich habe nie Zeit für mich selbst gehabt, bin nie dazu gekommen, für mich selbst auch etwas zu tun" – und während des Gesprächs läuft sie schon weg, denn sie muß schon wieder etwas tun, und sie bringt kein Gespräch zu Ende. Es ist eigentlich etwas Tragisches, das man überall sieht, auch in unseren eigenen Kreisen. Derjenige, der z. B. als anthroposophischer Redner auf Vortragsreise geht, ist in furchtbarem Druck, denn es ist ein ungeheuer schwerer Beruf – körperlich gesehen – immer herumzureisen. Auch beim Virtuosen – also beim musikalischen Virtuosen, der nun jedesmal, wo er auch auftritt, auf der Spitze seines Könnens stehen muß – sonst steht in der Zeitung, er ist schon auf seinem Abstieg.

Sehen Sie, das sind Dinge, die damit zusammenhängen, daß man eigentlich in unserer heutigen Zeit nicht akzeptiert, daß der Mensch diesen Weg physisch geht. Und die Menschen werden immer krankhafter und krankhafter. Es gibt Leute, die dann immer mehr Arbeit mit nach Hause nehmen, und alles selber machen, selber tun, und immer darüber klagen, daß andere es nicht tun. „Die heutige Jugend, sie taugt nicht mehr, sie ist nicht mehr tüchtig. — Wir in unserer Zeit waren tüchtiger, wir haben es anders gemacht, wir sind nicht mit Seidenhandschuhen angefaßt worden, man hat uns wirklich hineingestellt" usw. Einer, der so klagt, der sagt sehr wenig über die Jugend, der sagt aber sehr viel über sich selbst, verrät sich selbst ungeheuer. Wenn er das wüßte, würde er es nicht sagen. Sie verstehen: Diese Menschen blockieren alles, weil sie schon alles getan haben.

Und das andere — was ist der andere Weg? Sehen Sie, bis hierhin, vom einundzwanzigsten bis zum zweiundvierzigsten Jahr, ist der Mensch — im Sinne des Psychologen Künkel — ichhaft. Denn in dieser Zeit, wo er die Seelenglieder ausbilden muß — Empfindungsseele, Verstandesseele, Bewußtseinsseele — muß das Ich in der Seele diese Seelenglieder von sich aus bilden. Der Mensch ist auf die eigene Seele gerichtet. Und er ist auch darauf gerichtet, daß er gewisse Dinge in der Welt beherrscht, damit die Seele daran geübt werde. Er sucht sich in der Welt ein Übungsfeld für die Entwicklung der Seelenkräfte. Er muß gesunderweise auf sich selbst bezogen sein. Wenn etwas gut gelungen ist, dann sagt man wohl: „Das haben wir gut gemacht" — meint aber: „Das habe ich gut gemacht!" und „Meine Gruppe hat das sehr schön gemacht" — nein: „Ich habe das gut gemacht!" Man soll das nicht verneinen, das ist normal und gesund, denn wer das nicht getan hat, wer sein Ich nicht entwickelt hat, kann es später nicht wegschenken. Um wirklich auf das Ich, auf die Ich-haftigkeit zu verzichten, muß man es erst haben. Man kann nicht auf etwas verzichten, was man nicht hat, nicht wahr! Man muß also den merkwürdigen Weg gehen, daß die Ichhaftigkeit bis in die Bewußtseinsseele hinein als ich-hafte Bewußtseinsseele bewirkt wird. Und — wie Sie wissen, die Bewußtseins-seele geht so tief hinein, daß sie sogar antisozial wird. Gerade weil das Ich da am stärksten entwickelt wird, ist die Bewußtseinsseele immer antisozial. — Rudolf Steiner hat gesagt: Im Bewußtseinsseelen-Zeitalter, wo die Mensch-heit das durchmacht, wird das Antisoziale in den nächsten dreihundert Jahren nur noch zunehmen, je mehr die Menschheit die Bewußtseinsseele entwickelt. Das hat er 1920 in einem Vortrag gesagt. So ist es auch hier, in den Jahren ge-gen das zweiundvierzigste hin. Wenn der Mensch dann wirklich die Bewußt-seinsseele entwickelt, dann kommt er erst recht in die soziale Problematik hinein, weil er da alles von sich aus betrachten muß.

Und was kommt dann? Entweder die Ichbezogenheit bleibt, und dann geht man mit der biologischen Entwicklung abwärts und wird immer verkrampfter und immer neurotischer, wie man heute sagt — fühlt sich immer bedroht von anderen Menschen — hat Angst, daß einem die Arbeit abgenommen wird — daß Jüngere kommen, die es besser machen. Alles unbewußt — aber die Frage ist, ist es unbewußt, weil man nicht davon loskommt? — Was ist die andere Möglichkeit? Rudolf Steiner spricht über diese Zeit im Zusammenhang mit Geistselbst, Lebensgeist, Geistesmensch; das bedeutet im Hinblick auf das Geistselbst, daß man diese Ichhaftigkeit zu der Wirhaftigkeit hinaufhebt. Daß man also die Möglichkeit hat, wieder Abstand zu nehmen und mit dem Ich nun im Sozialen so steht, daß man nicht sagt: Was soll ich tun — sondern: Wer ist derjenige, der in dieser Situation am besten geeignet ist, das zu tun? Man muß das in aller Ruhe als Selbstverständlichkeit handhaben, weil man es gelernt hat. Nicht als Krampfhaftigkeit. Wir haben gestern gesprochen über die funktionelle Führerschaft. Da kommt so etwas eigentlich ganz aus der natürlichen Entwicklung, was als dieses Problem für jedes Menschenlebensalter für die Jahre nach zweiundvierzig aufkommt. Es ist das zentrale Problem, ob man Abstand nehmen kann. Wer von Ihnen kennt nicht die Empfindung, daß, wenn eine schöne Sache besprochen wird: Wer soll das tun? — man nicht heimlich die Hoffnung hat: Wird man mich darum bitten? Das haben wir doch alle. Ich habe es wenigstens immer gehabt; ich habe es noch immer. Und dann wird ein anderer gefragt und man sagt: ja, ja, das ist richtig, der soll es tun — aber eine kleine Enttäuschung ist immer dabei, nicht wahr! Diese Ehrlichkeit gegenüber sich selbst, die muß man haben, dann kann man auch abmessen, inwieweit noch die Kraft reicht.

Wir leben in einer Zeit, wo die Menschen nach dem zweiundvierzigsten Jahre in eine Entwicklung hineingehen, in die die Menschheit noch nicht gegangen ist. Da ist Neuland. Was wir da entwickeln an Geist, das werden wir als Geistselbst — von den zwei höheren Wesensgliedern will ich überhaupt noch nicht reden. Das ist etwas, was die Menschheit erst in eine weitere Zukunft hineinführen wird. Trotzdem müssen einzelne Menschen und Menschengruppen dies schon im voraus als Pioniere üben. Also diese Wirhaftigkeit dieses wirkliche, echte Hineinkommen ins Soziale, das ist etwas, was eigentlich als Problem durch den Menschen drei mal einundzwanzig Jahre geht.

Nun, das ist eine Art, die Sache anzuschauen. Die andere ist, daß man es vom Geistigen aus tut. Sehen Sie, hier haben wir die Erde, die physische Welt — hier die geistige Welt. Und hier ist dieses, was man nennt die Biospäre; die Welt, wo Geist und Materie noch so ineinander leben, daß dort Leben möglich ist.

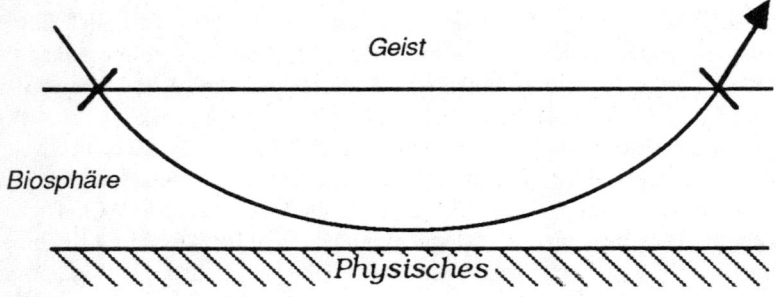

Im ganzen Weltall gibt es nur diese ganz dünne Schicht, die Biosphäre, wo das, was aus dem Kosmos kommt, und das, was aus der Erde kommt, sich so durchmischen, daß dort überhaupt Leben möglich wird. Und der Mensch taucht als Geistwesen dort hinein, macht seinen Weg und lebt sich wieder hinaus — das ist das Normale. Hier die zwei Punkte, wo er hineinkommt und hinausgeht — das ist die Ich-Linie. Da kann man nun auch vieles ablesen daran.

Da muß ich dann erst einiges Geschichtliches sagen, was Rudolf Steiner in Vorträgen von 1920 besprochen hat. Da hat er darauf hingewiesen, daß die Menschen zur geistigen Welt hin zwei Pforten haben — die Pforte der Geburt und die Pforte des Todes. Und er beschreibt dann, wie die Zeit von ungefähr 3100 v. Chr. bis 1900 von den alten Indern in ihrem großen Überblick über die Zeiten als Kali-Yuga angesetzt wurde. Wir hatten schon das goldene Zeitalter, das silberne Zeitalter, das eherne Zeitalter — und nun das Kali-Yuga. Das Wort Kali hat zwei Bedeutungen, es hat sie heute noch in der malayischen Sprache, und da bezeichnet es sowohl das Böse wie das Dunkle. Und Kali-Yuga ist also das dunkle Zeitalter, das böse Zeitalter. Was findet da eigentlich statt? Allmählich schließen sich die Pforten der Geburt und des Todes. Rudolf Steiner weist darauf hin, daß das ein langsamer Prozeß ist, im Anfang haben sich die Menschen noch an das Vorgeburtliche erinnert, und sie haben schon in das Nachtodliche hineingeschaut — aber dann gehen ihnen die Pforten zu. Rudolf Steiner sagt, daß es seit 1500 soweit gekommen war, daß sowohl von der Geburt wie vom Tode aus die Pforten absolut geschlossen waren. Die Menschheit konnte, einmal geboren, nicht nur keine vorgeburtlichen Erinnerungen, sondern auch keine vorgeburtlichen Impulse mehr ins Leben hinein bringen.

Sie konnte nur das hinein bringen, was im Vorgeburtlichen in den Äther-Astralleib hineingebaut war. Das ist dann — verzeihen Sie — Automatismus geworden. Man konnte nicht mehr frei aus dem Vorgeburtlichen heraus schaffen oder in das Nachtodliche hinauf seine Kräfte holen. Und wenn dann z. B. John Locke um 1700 herum sagt „Der Mensch ist bei der Geburt ein unbeschriebenes Blatt" — alles, was in ihm ist, ist aus der Geisteswelt gekommen, und es ist nichts drin, was nicht durch die Sinne hinein gekommen ist —, dann hat John Locke 1700 recht gehabt. Er hat die Tatsache seines Zeitalters beschrieben zwischen 1500 und 1899, wo wirklich die Menschheit bei der Geburt ein unbeschriebenes Blatt war.

Dann kommt eigentlich die große Wandlung. Das ist 1899, wo das Kali-Yuga zu Ende ist und ein neues Zeitalter anfängt, wo die Pforten wieder allmählich aufgehen. Und was bedeutet das? Das bedeutet, daß die Menschen, die geboren werden, bis zum achtundzwanzigsten Jahr ungefähr noch aus dem Vorgeburtlichen heraus ihr Bewußtes durch die Pforte der Geburt mit hereintragen. Das hat seine ungeheuren sozialen Folgen: In den Vorträgen von 1920 in Dornach, in denen Steiner den Mitgliedern von der Gründung der Waldorfschule vor etwa einem halben Jahr berichtet, schildert er, daß die jungen Menschen, die nach 1899 geboren sind, schon im wachsenden Maße aus dem Vorgeburtlichen Erinnerungen, sogar halbbewußt, mittragen, die nicht nur vorgeburtlich in den Äther-Astralleib festgelegt sind und dann sozusagen wie ein Automatismus wirken, sondern die als Neues aus dem Vorgeburtlichen wirken. Dadurch entstehen Erwartungen, entstehen Fragen. Und er sagt: Wenn dann die Kinder Waldorfschul-Unterricht haben, dann bekommen sie Antworten, die ihnen möglich machen, diese Geistimpulse aus dem Vorgeburtlichen allmählich ins Irdische zu übersetzen — so daß sie zur Natur eine geistgemäße Verbindung finden — zur Historie, zu der Entwicklung der Menschheit, daß soziale Fragen ihnen durchsichtig werden usw. Wenn sie aber Antworten bekommen, die nur abstrakt und materialistisch sind, dann staut sich das, die Kinder schließen sich ab. Und dann sagt Steiner: Mit achtzehn Jahren — das sagt er 1920 — entstehen Rebellen, Revolutionäre, junge Menschen, die die ganze Welt kaputt schlagen wollen, weil sie glauben, daß man durch das Vernichten der Welt etwas Gutes tut. Sie haben auch recht! Denn diese Welt hat ihnen keine Antwort gegeben, und sie erleben plötzlich: Was wir eigentlich wollen, darüber gibt uns die Welt keine Antwort. Nun, 1920 war es noch nicht soweit. Rudolf Steiner hat vorausgeschaut, was jetzt bei uns schon allgemein bekannt ist: Wie über die ganze Welt — nicht nur in Europa — die jungen Menschen rebellieren gegen eine Erziehung, die ihnen keine Antwort gibt auf das, was sie aus dem Vorgeburtlichen mitgebracht haben. Diese Impulse sind in den ersten Jahren besonders stark und sie wirken durch bis zum achtundzwanzigsten Lebensjahr.

In den ersten sieben Jahren, wie Sie wissen, wird allmählich der physische Körper, der Vererbungsleib umgesetzt in einen eigenen Körper, und der eigene Ätherleib wird dadurch frei zwischen sieben und vierzehn Jahren. Es verfault, sagt Rudolf Steiner, der Erblichkeits-Ätherleib und der eigene Ätherleib nimmt statt dessen seinen Platz ein. – Dann ist es so, daß mit vierzehn Jahren der Astralleib frei wird, der Erblichkeits-Astralleib wird jetzt ersetzt durch den eigenen Astralleib. Und mit einundzwanzig ist es soweit, daß in der Zeit bis achtundzwanzig das eigene Ich nun hineintritt und die Funktion übernimmt der Ich-Organisation, die aus der Vererbung kommt. Wahrscheinlich wissen Sie es – Ich-Organisation und physische Kräfte sind ererbt vom Vater – Ätherleib, Astralleib sind vererbt von der Mutter. „Vom Vater hab ich die Statur, des Lebens ernstes Führen – vom Mütterchen die Frohnatur und Lust zu fabulieren" – hat Goethe das genau beschrieben. Und man kann sagen: Mit achtundzwanzig Jahren ist das eigene Ich voll da. Mit einundzwanzig Jahren ist es schon soweit da, daß es nun anfängt zu wirken – aber bis zum einundzwanzigsten Jahr hat eigentlich statt des eigenen Ichs die Ich-Organisation, der Erbstrom, noch hineingewirkt, obwohl natürlich das Ich schon darinnen war, aber nicht ganz inkarniert war. Es konnte die eigenen Leiber noch nicht umwandeln. Dann findet in dieser wichtigen Zeit zwischen einundzwanzig und achtundzwanzig Jahren statt, daß das Ich den Astralleib, aus dem es gerade frei geworden ist, umwandelt zur Empfindungsseele, eine richtige Empfindungsseele entwickelt. Nun, das bedeutet, daß normalerweise heutzutage während der ganzen Zeit bis zum achtundzwanzigsten Jahre die Tore der Geburt schon offen stehen. Und dann schließt sich für den einzelnen Menschen das Tor der Geburt. Es kommt eine Mittelphase zwischen einundzwanzig und zweiundvierzig, wo der Mensch von seinem Ich aus jetzt sich in der Welt zurechtfinden und seine Seelenwelt ausarbeiten muß. Und dann mit zweiundvierzig fängt natürlicherweise schon an die Möglichkeit, daß die Todespforte sich öffnet – die Möglichkeit! Denn wie das Öffnen der Geburtspforte natürlicherweise stattfindet, die Erziehung aber da sein muß – die soziale Erziehung –, damit die Pforte auch wirklich offen bleibt und sich nicht zu früh schließt, so muß der Mensch nach dem zweiundvierzigsten Jahre durch innere Entwicklung die Pforte des Todes eröffnen und den Einweihungsweg gehen. Hier kann er sich bereits vorbereiten, er kann schon mit achtzehn Jahren anfangen – daß aber wirklich die Pforte des Todes aufgeht, das wird erst nach dem zweiundvierzigsten Jahre Realität. Wie es Rudolf Steiner sagt: Es gibt ein ehernes Gesetz der Lebensalter als Auffassungsorgane, ein Gesetz für den einzelnen Menschen. — Man kann also, wenn man das Glück hat, richtig erzogen zu werden, diese Kräfte bis achtundzwanzig lebendig halten. Glücklich das Kind, das eine Erziehung gehabt hat, die ihm die Möglichkeit gegeben hat, die Sinneswelt mit der geistigen, innergeistig-seelischen zu verbinden. Daß dieses geschehen kann, ist eine soziale Tat — das muß die Umwelt tun für die neue Generation. Ich selber aber muß mir das Todestor aufstoßen. Das ist meine eigene Aktivität. Und das ist die große Aufgabe dieses Lebensalters bis zweiundvierzig und dreiundsechzig, wo das dann Realität wird. Wer sich vorher nicht vorbereitet hat, dem wird es schwer fallen, mit zweiundvierzig anzufangen, aber zu spät ist es nie! Man kann immer noch anfangen, aber wer sich schon lange vorbereitet hat, wer einen Weg gegangen ist, dem wird das eine Hilfe sein. Nun, das ist etwas, das den Einzelmenschen angeht. Gelten diese Gesetze auch für eine Gemeinschaft?

Und jetzt komme ich zu etwas, von dem ich ausdrücklich sage, es nicht bei Rudolf Steiner gelesen zu haben, sondern von dem ich glaube, es aus eigener Erfahrung sagen zu dürfen. Nämlich daß, obwohl nur bis zum achtundzwanzigsten Jahr das Tor der Geburt offen steht und allmählich zugeht — mit achtundzwanzig Jahren werden Einzelmenschen dann zu Ichen —, es so ist, daß dort, wo Gemeinschaften zusammensind, man die Pforten der Geburt immer wieder öffnen kann. Daß man namentlich in einer Gemeinschaft, die entsteht, aufs neue vorgeburtliche Kräfte sich gegenseitig segnend, helfend darreichen kann. Nicht ich für mich, aber ich für den anderen! Ich kann etwas sagen, wodurch für den anderen diese Geburtspforte wieder aufgeht. Das ist eigentlich das Wunderbare einer Gemeinschaft, daß man nicht für sich, sondern immer für den anderen diese Aufgabe hat. Ein anderer kann mir meine Geburtspforte wieder öffnen! Das ist ein Gesetz, über das sollten Sie lang, lang nachdenken und lang damit leben! Dann werden Sie sehen, was es bedeutet, in einer Gemeinschaft zu stehen. Als ich ein junger Mensch war, sagte Dr. Hahn einmal zu mir: Jeder kann dem anderen ein Engel oder ein Teufel sein. Also: Jeder kann dem anderen ein Engel sein! Jeder kann dem anderen es möglich machen, daß etwas von dem, was er beim Vorgeburtlichen sich vorgenommen hat, wieder zum Bewußtsein kommt. Auch im späteren Alter noch! Daß er plötzlich einen vorgeburtlichen Impuls bringt, den man eigentlich im eigenen Leben vergessen hat — der hineingeflossen ist in den Alltag des Lebens. Er kann in einem Gespräch z. B. wieder erweckt werden, wieder aufgehen. Ich glaube, das ist eines der ungeheuer wichtigen Dinge, die man im

Gespräch pflegen kann, wo man nun hinhört auf einander. Das Sprechen und Hören ist einer der Wege. Es gibt aber auch andere Wege. Das Gespräch ist die Mars-Venustätigkeit, es gibt aber auch noch den Jupiter-Merkur- und den Saturn-Mondweg, nicht wahr. Aber es sind alles Wege der Gemeinschaft. Etwa im Erfassen von Zielen und dem Zurückspiegeln von Resultaten in einer Gemeinschaft kann so etwas leben. Also das bedeutet für mich, daß in einer Gemeinschaft diese Gesetze anders gelten. Da ist in jedem Moment etwas Neues möglich. Jemand sagt etwas in einer Gemeinschaft, die schon fünfzehn Jahre zusammen ist – das kommt bei uns vor, daß Menschen fünfzehn Jahre in einer ziemlich engen Gruppe zusammen arbeiten –, jemand sagt etwas, und es kann in diesem Moment die Gemeinschaft neu geboren werden. Denn er sagt etwas wirklich Neues – er wiederholt sich nicht. Und dadurch kann plötzlich die Gemeinschaft sich erneuern und wieder etwas von dem, was von dem Vorgeburtlichen da war, hereinströmen und segnend in einer Gemeinschaft wirken. So kann man sich gegenseitig auch stützen auf dem Weg zu der Pforte nach dem Tode – also auf dem Einweihungsweg, dem Weg der inneren Entwicklung. Denn da geht es dann in die Zukunft hinein. Das Tor der Geburt ist etwas, das man sich vorgenommen hat, das einem wieder deutlich wird – aber das Tor des Todes ist so, daß man nun hineingeht in die Aufgabensphäre. – Was ist denn eine Aufgabe, die in die Zukunft geht? Man stößt plötzlich durch eine Grenze hindurch. Jeder von uns hat eine gewisse Grenze des Vorausschauens. Der eine lebt nur pro Woche, sagt: Gott sei Dank, wenn nur Samstag ist und mein Wochenpensum vorbei, dann habe ich es geschafft – jeder Montag wird dann eine neue Sorge. Andere Menschen leben in einem Jahresrhythmus – es gibt wenige, die über ein Jahr hinaus wirklich in die Zukunft hinein leben. Ja, man spricht wohl über einen Zeitraum von zehn Jahren, aber man lebt nicht damit. Sie sollten da ehrlich sagen, welche Zukunftszeit lebe ich wirklich? Und da können Sie sehen, daß es ungeheuer schwer ist, z. B. in einem Sieben- oder Vierzehn oder Achtundzwanzig-Jahres-Rhythmus in die Zukunft hinein zu leben. Sehen Sie – es macht gar nichts, wenn Sie unterdessen gestorben sind. Denn das Wichtige ist, daß man weiß, daß alles auf dem Wege liegt, auf den Weg nach oben hin geht; daß man einen Entwicklungsweg so geht, daß man schon hier aus Kräften von oben wirken kann; daß, während man eigentlich im Leben noch nachsteht, man solche Kräfte erleben kann. Sehen Sie, das sind dann Dinge, die man in die Zukunft hineintragen kann. Denn da lebt das Bewußtsein, daß in dieser Zeit, wo man die Pforten des Todes aufstößt, alles, was man gewollt hat und was richtig ist, aber nicht gelungen ist, weitergeht. Wenn man etwas sehr stark will, und es ge-

56

lingt, dann ist das eine wunderbare Sache. Es ist besonders wirksam für andere Menschen. Wichtiger für mich selber, aber vielleicht auch für die Gemeinschaft ist, was ich sehr stark gewollt habe und was nicht gelungen ist. Denn da gibt es eine Stauung des Willens. Menschen, die sterben mit einer Stauung des Willens, haben im Nachtodlichen viel mehr Möglichkeiten, in das Soziale einzugreifen, als während sie lebten. Sie müssen sich das einmal ganz genau vorstellen — einen ungeheueren Trost gibt das für alles, was nicht gelingt. Sie müssen aber stark gewollt haben — der Wille muß richtig gestaut sein. Man kann nicht sagen: Na ja, das ist mir nicht gelungen — nächstes Mal besser! Das ist kein Wille, das ist ein Wunsch! Aber wenn man mit allen Kräften etwas gewollt hat, dann kommt man in ein Alter, in dem man sagt: Ob es nun gelingt oder nicht — das ist nicht so wichtig. Wichtig ist, daß eine Gruppe von Menschen es gewollt hat in der Menschheitsentwicklung. Wenn es gelingt — es gelingt immer nur zum Teil —, ist es ein Geschenk für die Welt der Mitmenschen. Wenn es aber nicht gelingt, und es wird durch die Pforte des Todes getragen, dann können von der geistigen Welt, von dem nachtodlichen Leben, die Willenskräfte ungeheuer viel stärker in das soziale Leben eingreifen — haben eine viel größere Wirkenssphäre, als sie es innerhalb des Lebens gehabt haben. Das sind Dinge, die man ganz im Gefühl haben muß, man muß sie nicht nur wissen, man muß sie in das Lebensgefühl hineintragen und damit eine gewisse Gelassenheit haben, aber trotz der Gelassenheit den Willen nicht unterbinden. — Das sind Dinge, die mit diesem Leben auch zusammenhängen.

Wir wollen nicht über die ersten einundzwanzig Jahre viel Worte machen, denn unter Pädagogen weiß das jeder, da trägt man Eulen nach Athen, das ist Ihre tägliche und jährliche Arbeit in den Instituten. Wir wollen mehr über die mittlere Stufe sprechen. Wenn der eigene physische Leib, der eigene Ätherleib, der eigene Astralleib mit einundzwanzig Jahren nun wirklich ausgebildet sind, dann kommt das heran, daß das Ich diese Leiber nun wieder umarbeiten muß. Und dabei fällt etwas Merkwürdiges auf: In den ersten einundzwanzig Jahren geht es darum, daß die Entfaltung der eigenen Kräfte immer darauf angewiesen ist, daß sie von außen her angeregt werden. Man kann sie vor einundzwanzig Jahren vom Ich aus nicht anregen; wir wissen, wenn ein Kleinkind nicht unter Menschen erzogen wurde, ist es kein Mensch. Dann bleibt es ein Tier, wenn es mit Tieren aufwächst. Die Veranlagung ist da, aber das Ich ist noch nicht da, das Ich kann nicht aus sich selbst die Menschheitsentwicklung angehen. Es ist darauf angewiesen, daß es von außen her angeregt wird; wenn es angeregt wird, kann es von innen aus antworten. Es ist also vollkommen abhängig von der Umgebung. Nun wird ihm von dieser Umgebung manches

Gute gebracht, aber auch manches Störende. Ich glaube, wenn es eine starke Individualität ist, dann kann sie mit einer schwachen Anregung schon manches tun, eine schwache Individualität kann sogar mit großen Anregungen nur wenig schaffen – aber eine Anregung muß immer da sein. Und nun werden auch viele Fehler gemacht. Ein Fehler in der Erziehung bedeutet eine Mißbildung in dem Physischen-Äther-Astralleib. Wenn also zwischen sieben und vierzehn Jahren ein pädagogischer Fehler begangen wird, findet eine Mißbildung des Ätherleibes statt. Der Ätherleib wird dann nicht so, wie er vom Vorgeburtlichen her veranlagt war. Der Mensch mit einundzwanzig Jahren hat es zu tun mit einem Physischen-Äther-Astralleib, bei dem manches wunderbar gelungen ist, aber auch manches an Fehlern, an Krankheiten, an Mißbildungen da ist.

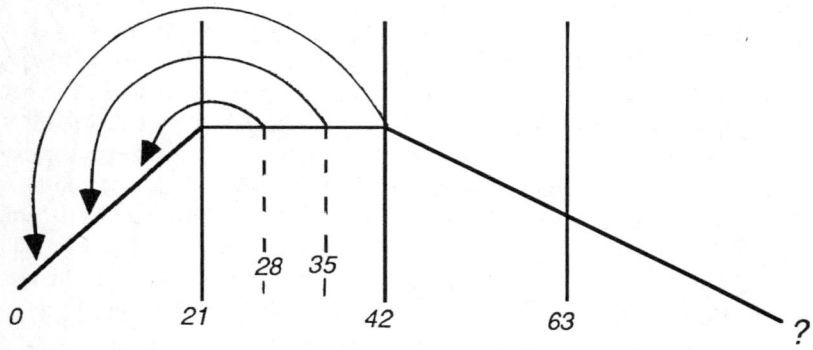

Es gibt aber eine Gnade. Die Gnade besteht darin, daß nun zwischen einundzwanzig und zweiundvierzig Jahren, und zwar so, daß das immer zurücklaufend ist – daß man zwischen einundzwanzig und achtundzwanzig zurücklaufend durchmacht, was man zwischen einundzwanzig und vierzehn von außen durchgemacht hat.

Das kommt jetzt von innen aus hervor, und zwar ziemlich genau. Wenn ich mit dreiundzwanzig Jahren überfallen werde von einer plötzlichen Melancholie, von einem Nicht-Wollen, einem Trübsinn – dann kann ich sagen, jetzt ist zwei Jahre nach einundzwanzig, im neunzehnten Jahr muß bei mir auch etwas passiert sein, was mir in meinem Astralleib hineingegangen ist und worauf ich jetzt mit dem Ich stoße. Durch die Zeit hindurch lebt man die Sache zurück.

Und nun hat man die Freiheit vom Ich aus, entweder das geschehen zu lassen und nur zu sagen: Ich wiederhole die Sache, der Fehler von außen kommt als Trübsinn bei mir heraus, wirkt einige Monate lang, ohne daß äußere Gründe da sind. Man hat aber auch die Möglichkeit, vom Ich aus die Sache jetzt zu korrigieren. Man hat die Möglichkeit, die Erziehungsfehler bis zum einundzwanzigsten Jahr noch einmal zu korrigieren. Sie treten nicht als Tatsachen auf, man stößt aber innerlich auf gewisse Mißbildungen. Sie kommen in der Seele hoch als Nicht-Begreifen oder als Gefühlsstörung oder als Willenshemmung. Also man ist nicht unfrei durch die Erziehung, man kann selber noch einmal die Erziehungsfehler angehen. Und das bedeutet, daß man mit zweiundvierzig Jahren wieder beim Punkt Null angekommen ist, mit zweiundvierzig Jahren ist man wieder bei der Geburt angekommen. Wenn man jetzt weiter zurück gehen würde, dann würde man in das Vorgeburtliche hinein kommen — und was geschieht dann? Es geschieht auf eine ganz andere Art — indem nun dasjenige, was der Astralleib zwischen vierzehn und einundzwanzig eingeimpft bekam von außen, was das Ich in der Empfindungsseele an Erfahrungskräften zur Seele gemacht hat — nicht wahr, die Empfindungsseele ist umgebauter Astralleib —, jetzt in das Geistige muß, das muß jetzt vergeistigt werden, gemäß den Stufen Astralleib — Empfindungsseele — Geistselbst. Das muß jetzt wiederkommen. Und es ist darum auch zu begreifen, daß im äußeren Leben zwischen zweiundvierzig und neunundvierzig plötzlich wieder die Sehnsucht hoch kommt, noch einmal Empfindungsseele zu haben. Das sind die Menschen, die dann sagen: Ach, wäre ich noch einmal jung, könnte ich noch einmal neu anfangen — aber mit den Erfahrungen, die ich jetzt habe —, ich würde es anders machen. Der Sartre hat das ausgearbeitet in einem Theaterstück und hat gezeigt, daß man dann genau dieselben Fehler macht. Denn das ist eine Illusion! Es geht gar nicht darum, daß man das physisch-seelische Leben noch einmal durchlebt, es geht darum, daß man den nächsten Schritt macht, daß die Sache vergeistigt wird. Das bedeutet, daß die Empfindungsseele in den Geistesmenschen hinein geführt wird. Das ist das, was nun die Aufgaben sind. Und so kommen die großen Rhythmen im menschlichen Leben zum Vorschein.

Nun, was bedeutet das? Zwischen einundzwanzig und achtundzwanzig ist die Empfindungsseele an der Reihe in der noch unbeschriebenen eigenen Seele. In die Leiber ist manches hineingegangen, aber mit einundzwanzig Jahren fängt eigentlich der eigene Seelenleib an, sich auszubilden. Und was erwacht? Es erwacht zuerst die äußere Seite der Seele, dort wo Seele und Welt sich begegnen, die äußere Seite, die Empfindungsseele. Die Außenwelt macht einen Eindruck auf die Seele, die Seele antwortet. In der ersten Empfindungsseelenkultur, in der ägyptischen Zeit, hat sie die Antwort mit Riesenkraft gebildet. Das sind die mythologischen Bilder – sie sind sozusagen die Sprache der Empfindungsseele. Da hat die damalige Welt das, was als Sinneseindrücke in die Leiber hineingelegt wurde in den ersten einundzwanzig Jahren, nach außen gespiegelt in gewaltigen Imaginationen: die große mythologische Welt. – Das ist eine Erziehung der Menschheit gewesen, damals in der Empfindungsseelenentwicklung, und da wurde von demjenigen, was im Sozialen wirkt, das Geistesleben veranlagt. Und dann kommt die zweite Stufe: In der griechisch-römischen Zeit wird das mittlere, das juristische, das staatliche Leben angelegt. Und in der Bewußtseinsseelenzeit müssen wir den ökonomischen Menschen ausbilden. – Aber diese wunderbare Welt der Empfindungsseele muß jetzt vom modernen Menschen geschaffen werden. Und so entsteht das Merkwürdige, daß die Menschheit in die Bewußtseinsseelenentwicklung hineingeht und der einzelne Mensch in dieser Bewußtseinsseelenentwicklung seine Empfindungsseele ausbildet. Das ist eine ganz andere Empfindungsseele als in der ägyptischen Zeit. Denn die ägyptische Zeit war die der reinen Empfindungsseele – das war das Höchste, was die Menschheit damals haben konnte. Heute ist das ein Durchgangsstadium, und die eigentliche Empfindungsseele ist jetzt etwas, das sich viel mehr im Innern abspielt, die eigene Seelentätigkeit erscheint viel mehr im Bild. Himmelhoch jauchzend, zu Tode betrübt – der Mensch antwortet auf innere Gefühle, die aufwallen, die zur seelischen Wirklichkeit werden. Wenn man das richtig handhabt, muß man dem Menschen das Gefühl gönnen, daß er sich ganz einsetzt, einen Fehler macht und dann ganz zerschmettert ist.

Das ist eine große Aufgabe für unsere Gemeinschaft. Es ist ein großes Problem für junge Menschen, dort eine Entwicklung durchzumachen, wenn ein Institut über einundzwanzig Jahre existiert und eine gewisse Form gefunden hat, schon sozusagen Bewußtseinsseelenentwicklung in das Organisatorische hineingegangen ist. Denn wir müssen den jungen Menschen gestatten, daß sie ihre Empfindungsseelen-Zeit durchmachen. Bei uns im Zonnehuis ist das ein riesiges Problem – wir haben fast zweihundert Mitarbeiter, davon sind ungefähr neunzig unter neunzehn Jahren, sie sind achtzehn, neunzehn, zwanzig Jahre höchstens. Etwa die Hälfte! Die große Frage ist: Wie kann all das Jungvolk, das wirklich tüchtig arbeitet und manchmal schon bei den Kindern große Verantwortungen trägt, Kurse macht usw. – wie kann das Jungvolk seine Empfindungsseelen-Zeit durchmachen? Ohne von uns erdrückt zu werden, weil wir schon leben wollen in einer ganz anderen Form als der der Empfindungsseelen-Gemeinschaft. Wir müssen gestatten, daß eine gewisse Schicht

60

eine Empfindungsseelen-Gemeinschaft gründet, eine zweite Schicht eine Verstandesseelen-Gemeinschaft, eine dritte Schicht eine Bewußtseinsseelen-Gemeinschaft — wir müssen zusammenleben lernen. Es ist ein ungeheures Problem. Die Führenden, die Begründer, sind mitgegangen und haben wirklich keine Lust mehr, auf diese Dinge einzugehen, die sie schon längst hinter sich haben. Aber die anderen haben das Recht, das einmal durchzumachen — wenn sie das nicht bekommen, dann vergewaltigt man sie. Man kann nicht verlangen, daß Achtzehn-, Zwanzig-, Einundzwanzigjährige und sogar noch Fünfundzwanzigjährige, Sechsundzwanzigjährige — daß die nun in der Art leben, wie wir das selbst für uns wünschen. Und das ist eine hohe Kunst des Zusammenlebens, daß man ihnen gestattet, daß sie auch einmal Fehler machen! Einmal ihre Erfahrung machen dürfen! Daß man ihnen eine gewisse Freiheit gibt — das ist ein Problem, denn wir sind für die Jungen verantwortlich den Eltern gegenüber. Wir vergessen aber, daß wir mit einundzwanzig oder dreißig Jahren genau dieselben Fehler gemacht haben. Da wurden sie uns nicht angerechnet. Sollen wir sie dann diesen jungen Menschen anrechnen? Es sind wirklich große Probleme.

Ich glaube, man sieht jetzt daran, daß die Empfindungsseelen-Zeit die Zeit ist, wo die Seele nun die farbige Palette ihrer Möglichkeiten erleben möchte. Der Mensch möchte ganz in Rot leben, aber auch in Tief-Blau, in Grün und in Gelb und Orange — alle Farben möchte er einmal ausprobieren. Und er muß den Raum und die Möglichkeit dazu haben. Was bedeutet es, wenn ich ganz in Orange lebe? Nun, da bin ich ein frecher Mensch in einer Gemeinschaft — wenn ich ganz in Blau lebe, dann bin ich ein zurückgezogener Mensch in einer Gemeinschaft. Wenn man nicht in der Empfindungsseele die Möglichkeit gehabt hat, alles als eine Wandlung selbst zu erleben, dann ist man später nur ein leerer und dürftiger Mensch. Nur wer wirklich die verschiedenen Dinge durchlebt hat, hat später die Möglichkeit, diese Kräfte zu vergeistigen. Es ist eine schwierige Sache, das später nachzuholen, denn das gelingt nie voll. Man kann es zwar immer noch versuchen, aber ein Fünfzigjähriger, der nun ganz plötzlich versucht, noch orange zu sein — der wirkt etwas lächerlich. Das, was mit dreiundzwanzig Jahren einen freut, das nimmt man dem Alter übel. Nun — sagt man — was ist los mit ihm, wenn er jugendlich beschwingt einherhüpft? Was hat er denn? Ja, er will auch sein Orange erleben! Es hat alles seine Zeiten. Die Lebensalter sind Auffassungsorgane. Das müssen wir in einer Heimgestaltung, wo verschiedene Alter miteinander zusammenleben, berücksichtigen. Es ist die Kunst des sozialen Zusammenlebens in der sozialen Gestaltung.

Nun, das ist eines — dann kommt die Verstandesseelen-Kultur, die der Mensch ab achtundzwanzig erlebt. Diese Achtundzwanzig-Jahres-Grenze ist eine Grenze, die von Männern und Frauen anders erlebt wird. Für den Mann ist das Ende der Empfindungsseelen-Zeit eigentlich eine Erlösung, denn er strebt eigentlich in die Verstandesseele von sich aus hinein, wo er nun wirklich einmal Übersicht haben kann, wo er schaffen kann, wo er nun wirklich tüchtig zugreifen und vor allem sich objektiv in der Welt darstellen kann. Das ist die Verstandesseele. Für die Frau ist der Übergang von der Empfindungsseele zur Verstandesseele sehr schwer. Denn die Verstandesseele ist nicht das Element der weiblichen Inkarnation. Es ist ihr ein Schmerz, und man erlebt das. In vielen Briefen schreiben etwas empfindsame Frauen, die über Anthroposophie nichts wissen, mit achtundzwanzig: Ich erlebe jetzt eine Schwelle, die Jugend ist endgültig vorbei. Es fängt jetzt das graue Leben an. — Sie sollten nicht darüber lachen, das sind sehr ernste Gefühle. Neulich hatte ich eine Besprechung mit einer Anzahl jüngerer Frauen aus dem Campus der Technischen Hochschule in Enschede, wo ich arbeite, da waren einige dabei, die waren so gerade Anfang dreißig, und die sprachen das ganz spontan aus: Ja, mit dreißig Jahren ist das Leben vorbei. Unsere Anziehungskraft ist vorbei — wir erleben plötzlich, daß wir verblühen. Sie sagten das mit etwas anderen Worten, aber darauf kam es an. Die Frauen sagen, wir verlieren etwas, was uns eigentlich eigen war. — Für den Mann bedeutet die Verstandesseelen-Zeit die Zeit des höchsten Schaffens, die Zeit, in der man wirklich gerade sich beherrschen lernt — der Befehl ist sozusagen die Sprache des Mannes um fünfunddreißig. Das steht in einem Buch über die Entwicklungspsychologie von Marta Moers, das ganz wunderbar geschrieben ist. Sie hat als Professorin der Pädagogik in Köln gewirkt, sie ist jetzt gestorben — mit einer ungeheueren Feinfühligkeit hat sie geschrieben über die Entwicklungsstadien, Entwicklungsstufen des Menschen. (Martha Moers: „Die Entwicklungsphasen des menschlichen Lebens", Alois Henn-Verlag, Ratingen 1953) Sie beschreibt ganz unglaublich deutlich die Verstandesseelen-Zeit um die fünfunddreißiger Jahre herum, wo man eigentlich auf dem Höhepunkt der Macht über die Welt steht. Und dann fängt die Bewußtseinsseelen-Zeit an zwischen fünfunddreißig und zweiundvierzig, und in diese innere Sicherheit der Verstandesseele — da kommt jetzt der Zweifel hinein. Die Bewußtseinsseele gibt wieder neuen Zweifel, sie führt zu einer Neugestaltung aller Dinge. Sehen Sie, in der Verstandesseelen-Zeit ist die Seele am vollständigsten in sich selbst. In der Empfindungsseele lebt das Ich an der Grenze zwischen Seele und Welt. In der Verstandesseele lebt das Ich ganz in der Seele — sei es Verstandes-, sei es Gemütsseele, mehr im Kopf oder mehr im anderen Gebiet —, das Ich lebt ganz in der eigenen Seele drin. Jetzt geht das Ich noch einen Schritt tiefer und kommt an eine neue Grenze, an die Innengrenze der Seele, dort, wo die Seele nicht auf die Außenwelt, sondern auf den Geist stößt. Das Ich geht dort hinein, und worauf stößt es? Auf der einen Seite auf den Geist, und auf der anderen Seite auf den physischen Leib. Es ist geteilt. In der Empfindungsseele hat es im Astralleib gelebt und hat den Ätherleib umgestaltet zur Verstandesseele. Jetzt geht es in den physischen Leib hinein auf der einen Seite und stößt auf die physischen Kräfte — auf der andern Seite geht es in das eigene Ich hinein. Da entsteht dann auch der Materialismus, der geschichtliche Materialismus, weil man da auf diesen Leib stößt, weil man den physischen Leib jetzt wahrnimmt und also der Materialismus nach außen projiziert wird. Oder aber es entsteht der vergeistigte Materialismus — das gibt es auch, eine vergeistigte Materie-Erkenntnis — , aber zugleich ist dies dann die höchste Geisterkenntnis. Dann entsteht eine Umwertung aller bisherigen Werte.

Das wird deutlich in dem Erlebnis ganz besonders gegen das zweiundvierzigste Jahr hin, daß man das Gefühl hat, es soll noch etwas Neues kommen — es muß noch etwas Neues kommen. So kann es nicht weitergehen. Und das wird manchmal falsch gedeutet, das wird so gedeutet, daß der Mensch versucht, eine neue Stellung zu bekommen, oder es gibt große Schwierigkeiten in der Ehe — sie entstehen dann zwischen zweiundvierzig und neunundvierzig. Es gibt in der Statistik der Ehescheidungen eine Spitze um fünfundzwanzig herum, wo die Frühehen, die eine Fehlwahl waren, scheitern, die zweite Spitze um fünfundvierzig. Warum? Weil da die Menschen wieder etwas Neues in sich empfinden — die Bewußtseinsseelenentwicklung bringt einen dazu, daß man auf das Geistige stößt.

Zwischen zweiundvierzig und neunundvierzig herrscht der Mars und beendet die große Sonnenzeit. Nicht wahr, die Sonnenzeit: Eine expansive Entwicklung, eine schöne, freudige Zeit, wo der Mensch blüht und blüht, die Reichhaltigkeit der Seelenwelt ausbildet, fühlt: Ich wachse an Möglichkeiten, an innerer Erfahrung, innerem Reichtum. Das hört mit zweiundvierzig auf, wenn er sich nichts anderes neu schafft. Und das ist etwas, was ich nun heute vielleicht nur andeuten will: nach zweiundvierzig das Hineingehen in die Notwendigkeiten der Anlage, der Veranlagung eines Geistselbst. Ich sage es ganz vorsichtig, weil der Mensch das Geistselbst noch nicht verwirklichen kann.

Aber er kann es veranlagen. Wenn man da hineingeht, dann stößt man auf dasjenige, was auf der Grenze der Geist-Welt steht. Man stößt auf den Hüter. Und was zeigt er einem? Er zeigt einem den Doppelgänger. Und die Doppelgängerkräfte werden in den vierziger Jahren ungeheuer stark — man erlebt am stärksten den Doppelgänger des anderen, nicht den eigenen. Man erlebt plötzlich: Wenn ein Mensch spricht, kommt einem Haß hoch oder eine unberechtigte Bejahung — man hat den Menschen nicht erlebt, sondern seinen Doppelgänger. Man weiß das aber nicht. Dann entstehen ungeheure Krisen zwischen Menschen — wo man sich gegenseitig die furchtbarsten Dinge an den Kopf wirft oder grausam wird —, weil der eine Doppelgänger mit dem anderen Doppelgänger kämpft und gar nicht das eigene Ich mit dem anderen. Dieses Loslösen des Doppelgängers ist schon ein neues Phänomen, das seit 1900 eine der Folgen ist, daß jetzt das Tor wieder aufgehen kann. Wenn das Tor auch nur ein bißchen aufgeht, dann steht der Hüter da, und der Hüter hat die Gestalt des Doppelgängers. Mein eigener Doppelgänger löst sich von mir und wird meinen Freunden erlebbar — und ich erlebe den Doppelgänger des anderen und muß da hindurch, um das eigentliche Du zu finden. Da entstehen große dramatische Schwierigkeiten, auch die Tragik von scheiternden Gemeinschaften, liebe Freunde. Man kann manches, was in der anthroposophischen Gesellschaft geschehen ist, manches, was in unseren Instituten an Seelengrausamkeiten untereinander passiert, so verstehen. Seien wir ehrlich, nicht wahr, so schön wir mit den Kindern arbeiten, so grausam sind wir manchmal untereinander. Da findet Furchtbares statt — weshalb? Einfach weil da für den modernen Menschen und ganz besonders für den Menschen, der geistig strebt — viel stärker als für den Materialisten, für den Materialisten ist das alles noch zugedeckt — der Doppelgänger vortritt. Das ist etwas, was zwischen zweiundvierzig und neunundvierzig ungeheuer stark mit Mars-Gewalt hervorkommt.

Und dann kommt mit neunundvierzig bis sechsundfünfzig eine Zeit, wo der Lebensgeist, wo das Astralische, das umgewandelt werden muß, nun heruntergeht in die Ätherwelt. Denn Lebensgeist ist ein gereinigter Ätherleib. Fürwahr, das ist für manche eine Erlösung! Diese Zeit ist eigentlich die ruhigste und fruchtbarste Zeit des Lebens für einen geistig lebenden Menschen. Die Zeit, die einem die Möglichkeit gibt, Dinge zu überschauen, die Jupiterzeit. Wo man wirklich einmal zur Ruhe kommt und neue ätherische Kräfte im Geistigen fruchtbar werden können — in aller Stille, in aller Ruhe auch manchmal. Und diese Zeit — ich gehe etwas schnell hindurch — findet manchmal mit sechsundfünfzig einen plötzlichen Abbruch.

Das ist nicht zufällig. Ich habe seit meinem dreißigsten Jahre alles versucht zu lesen, was in der Literatur über die biographische Entwicklung, die Entwicklung durch das Leben hindurch geschrieben worden ist. Alle kommen darauf: zwei Jahre sind wichtig, das achtundzwanzigste und das sechsundfünfzigste. Und das sechsundfünfzigste wird immer beschrieben als ein Krisenjahr im Leben. Wenn man das biographisch bei großen bedeutenden Menschen verfolgt, dann sieht man im Leben dort einen jähen Abbruch. — Es war das Jahr, in dem Julius Caesar ermordet wurde von seinen Freunden. Er ging auf den Gipfel seiner ausgedehnten Macht — und dann plötzlich wurde er erstochen. Nun, ich führe nur eines an, aber so erlebt man das manchmal. Das sechsundfünfzigste Jahr bedeutet etwas, was in die Saturnzeit hinein geht. Und in die Saturnzeit hineinzugehen bedeutet, daß alles, was man sich hier im Leben erobert hat, noch einmal durch Tod und Auferstehung gehen muß. Noch einmal. Das Leben wird ungeheuer schwer, die Dinge kommen alle wieder zurück, die muß man alle wieder neu erleben. Man erlebt innerlich — nicht äußerlich, aber innerlich — ein Scheitern alles dessen, was man gewollt hat. Man erlebt: Ja, wenn ich ehrlich bin, dann muß ich sagen, es ist eigentlich nichts geworden von dem, was ich gewollt habe. Man ist natürlich so vernünftig, das nicht hinauszuposaunen und das für sich zu behalten — denn manchmal, wenn man das vorsichtig andeutet, bejahen die Leute das auch gerne. Also das ist etwas, das plötzlich eingreift ins Leben.

Ich darf vielleicht ein persönliches Beispiel bringen: Als mein sechsundfünfzigster Geburtstag herankam — das war am 2. September 1962 —, hatte ich fünf Tage später mit Dr. Zeylmans ein Gespräch. Er sagte: Ich gehe jetzt nach Afrika, und wenn ich zurückkomme im nächsten Frühjahr, werde ich als Vorsitzender abdanken und erwarte von dir, daß du den Vorsitz der Holländischen Anthroposophischen Gesellschaft übernimmst! Ich habe einen Riesenschreck bekommen: Das ist das Schrecklichste, was Sie mir sagen können! Denn ich bin kein Vereinsmensch. Ich bin kein Mensch, der wirkt in Vereinen und so — und die anthroposophische Vereinspolitik und solche Dinge sind mir ungeheuer zuwider. Muß ich da wirklich hinein? Weißt Du — sagte er —, ich werde mich dann zurückziehen und irgendwo von oben herab auf dich hinschauen, wie du es dann ganz anders machst, als ich es gemacht hätte! Da werde ich mich dann freuen, wenn es anders geht! — Und mit diesem Humor sind wir dann auseinandergegangen. Sechs Wochen später war er plötzlich gestorben. Und da wußte ich, warum ich so kurz nach meinem Geburtstag schon diese Schwere spürte: Es kommt etwas in mein Leben, was mir zuwider ist, es kommt etwas, was ich gar nicht will. Aber es kam und kam doch plötzlich. Und dann überlegt man: Ja, es stimmt also doch. — Der eine erlebt es so und der andere so — das war für mich das Schwerste, was ich in meinem Leben zu tun hatte, den Vorsitz einer anthroposophischen Landes-Gesellschaft auf mich zu nehmen. Das ist für mich etwas sehr Leidvolles gewesen, obwohl es auch seine freudigen Seiten hat. – Nun, das bedeutet also, daß das in jedes Menschenleben plötzlich wie ein Blitz hineinkommen kann – man erlebt das und dann muß man da hindurchgehen, um dann mit dreiundsechzig, sieben Jahre später, wieder aufzutauchen aus dieser Saturnsphäre, was eine ungeheuere Erleichterung ist. Eine Erleichterung: Gott sei Dank – das ist jetzt abgemacht.

Das ist das letzte, was man noch einmal zu tun hat, und da wird dann veranlagt dasjenige, was Geistesmensch ist.

Wenn wir daran denken, daß Christus den Geistesmenschen als Auferstandener aufleben lassen konnte und dazu am Kreuz sterben mußte, nach drei Tagen auferstand, damit er diesen Geistesmenschen auferstanden seinen Jüngern zeigen konnte, den reinen physischen Leib – der Geistesmensch ist der reine physische Leib –, dann kann man verstehen, was es bedeutet in einer fernen Menschheit, wenn man das wirklich als Gemeinschaft durchmachen kann. Jetzt macht jeder in seinem eigenen Leben es nur als Andeutung durch. Denn was wir jetzt durchmachen, sind nur Andeutungen, und die bildet man weiter, aber innerlich erlebt man schon, was es bedeutet, wenn das einmal Wirklichkeit wird.

Nun, ich will hier aufhören und habe noch manches auszuarbeiten, wenn ich vor der Frage stehe: Was sind die Gesetze des menschlichen Lebens – was sind die Gesetze von Gemeinschaften? Vielleicht darf ich schon ein Wort sagen: Die Gesetze der Gemeinschaften sind in gewisser Weise Mittelgebiet. Gemeinschaften fangen an als Empfindungsseelen-Gemeinschaften, erobern sich eine Verstandesseelen-Gemeinschaft und erobern sich eine Bewußtseinsseelen-Gemeinschaft. Erst wenn die sich ausgebildet haben, ist die Gemeinschaft reif, um als Gemeinschaft in das Geistige hineinzutreten. Darüber wollen wir ein andermal sprechen – ich will einmal versuchen, verständlich zu machen, wie das *vor* 1900 und *nach* 1900 war. Dann kommt man dahinter, daß seit 1899 die Sache sich wesentlich geändert hat. Auch darauf werden wir manche der Schwierigkeiten bei den Institutgestaltungen dann zurückführen, die wir objektivieren können.

Den Gewinn, den Sie haben können an solchen Betrachtungen, ist, daß wir uns angewöhnen, die Dinge als objektive Entwicklungstatsachen zu sehen. Man wird nicht mehr alles zurückführen auf den und den, der das und das gemacht hat, angefangen hat. Sofort wenn man es objektivieren kann als Entwicklungstatsache, findet man eine neue Möglichkeit, die Sache auch für ein Institut fruchtbar zu machen.

Das Wesen der Gruppe
Fragenbeantwortung vom 1. April 1970

Liebe Freunde, ich will auf die Frage eingehen, die hier gestellt ist: Wie kommt eine Gruppe zusammen — wie entsteht eine Gruppe, was ist e ne Gruppe? Das ist eine Frage, die man leicht stellen kann, aber sehr schwierig beantworten. Es ist eine Frage, die man auf verschiedensten Ebenen beantworten kann. Man kann sie äußerlich beantworten und sagen: Eine Gruppe von Menschen haben wir, wenn Menschen zusammen diskutieren und sich ein gemeinsames Ziel setzen. Oder eine Verabredung getroffen haben, etwas zusammen zu studieren oder zusammen zu musizieren oder zu besprechen oder eine Arbeit zu leisten.

Wir sollten aber einmal versuchen, in tiefere Schichten hineinzugehen und einmal uns versuchen an etwas, worauf wir in den nächsten Tagen vielleicht immer wieder zurückkommen: das Geheimnis der Gruppe. Jede Gruppe ist im Grunde genommen ein Mysterium, und die Frage danach ist nicht eindeutig zu beantworten. Heute abend möchte ich versuchen, auf eine ganz bestimmte Art der Frage entgegenzugehen, und zwar handelt es sich um das, was wir heute morgen besprochen haben.

Wir haben die Inkarnation jedes Menschen mit zwei Strichen gezeichnet — hier die Geistwelt und hier die physische Welt — und gesagt: hier dazwischen ist die Welt, wo das Leben möglich ist, die man in der äußeren Welt die Biosphäre nennt.

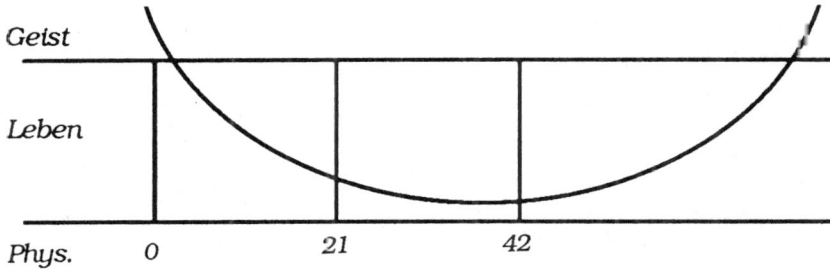

Ich habe den Lebensweg dann so beschrieben, daß er einen Bogen macht, hinein und so hinaus geht. Nun, wenn man hier die Geburt nimmt und hier so ungefähr das einundzwanzigste und zweiundvierzigste Jahr, wo es dann wieder hinaufgeht, dann kann man sagen, auf diesem Inkarnationsweg begleitet der Engel des Menschen den Menschen bis zum einundzwanzigsten Jahr herunter mit demjenigen, was aus dem vorgeburtlichen Karma wirkt. Es ist der Engel, der uns von Leben zu Leben begleitet, vom Tod bis zur neuen Geburt. Der die ganze Umarbeitung der einen Inkarnation in die nächste mitmacht — und dasjenige, was die Frucht des vorigen Erdenlebens ist, mit hinunterträgt. Damit begleitet uns der Engel bis zum einundzwanzigsten Lebensjahr.

Und dann nimmt er sozusagen Abschied. In der mittleren Lebensschicht zwischen einundzwanzig und zweiundvierzig — da ist der Mensch sozusagen ganz eigener Mensch. Das Ich hat jetzt die Seele umzubilden, wie wir heute morgen besprachen. Dasjenige, was auf diesem Weg vom Engel mit hinuntergetragen ist und was einem durch die Gemeinschaft, durch die Erziehung usw. möglich gemacht worden ist, das sich entwickelt, das muß jetzt vom Ich aus in die neue Ichsphäre. Und sozusagen, wenn ich das Bild gebrauchen darf, auf der Schwelle des zweiundvierzigsten Jahres wartet der Engel wieder auf uns und begleitet uns hinaus und geht denselben Weg. Und da ist die große Frage dieses persönlichen hierarchischen Wesens: Was hat der Mensch daraus gemacht in den einundzwanzig Jahren? Wie hat er von seinem Ich aus die Zeit genutzt? Das, was im Hinuntersteigen veranlagt worden ist und was umgearbeitet worden ist durch die Seele — was hat das Ich daraus gemacht? Denn mit dem, was das Ich daraus gemacht hat, kann der Engel uns jetzt wieder hinaus begleiten. Und ganz besonders wichtig ist die Mitte dieser Zeit, das sind die Jahre zwischen dreißig und dreiunddreißig, die Mitte zwischen einundzwanzig und zweiundvierzig. Das sind die drei Jahre, von denen Rudolf Steiner sagt, daß der Mensch am weitesten von der geistigen Welt entfernt ist und sich am tiefsten inkarniert hat. Es ist nicht zufällig, daß der Christus diese drei Jahre ausgewählt hat, um ganz im physischen Leib als irdischer Mensch diese drei Jahre durchzumachen. Und die Mitte davon mit einunddreißigeinhalb Jahren ist der tiefste Punkt in der ganzen Inkarnation des Menschen. Nun, wie ich Ihnen heute morgen sagte — hier gewissermaßen bis zum achtundzwanzigsten Jahr ist noch ein Nachklang von dem, was hinunterwirkt. Und vom fünfunddreißigsten Jahr an findet eigentlich schon eine Vorbereitung statt von dem, was dann mit dem zweiundvierzigsten Jahre nun wirklich eingreifen soll.

Wie kommt der Engel uns entgegen mit zweiundvierzig Jahren? Da sagte ich, der Engel tut das, indem er vor uns als Hüter auftritt, als der kleine Hüter, den Rudolf Steiner beschreibt. Als der persönliche Hüter an der Schwelle, der da nun als Bild hinaustritt und uns eigentlich das bringt, was der Begriff des Doppelgängers ist. Er trägt uns den Doppelgänger entgegen, und man wird empfindlich für diese Sphäre, diese Doppelgängersphäre. Wie ich sagte — in den sieben Jahren zwischen zweiundvierzig und neunundvierzig ist überhaupt das soziale Problem davon tingiert, daß der Mensch die Neigung hat, ganz stark auf den Doppelgänger des anderen zu stoßen, oder es entstehen manche Schwierigkeiten zwischen Menschen, weil nicht Mensch zu Mensch, sondern Doppelgänger zu Doppelgänger spricht und die Menschen die eigentlichen Menschengestalten dahinter verbergen. So ist es beim einzelnen Menschen.

Der Weg einer Gemeinschaft ist ein anderer. Bei der Gemeinschaft ist es so, daß da auch gewisse Gesetzmäßigkeiten herrschen. In Vorträgen, die Dr. Steiner 1920 gehalten hat, zeichnet er diese Dinge und sagt: Die Menschen bilden hier auf der Erde Gruppen, entweder Arbeitsgruppen oder politische Gruppen oder Bekenntnisgruppen — und jedesmal ist in der geistigen Welt ein geistiges Wesen, das dazu gehört. Der irdische Aspekt ist eine Gruppe, von der man sagt, ich bin Mitglied einer politischen Partei — ich bekenne mich zu einem Programm. Aber der wirkliche geistige Aspekt ist, daß ein geistiges Wesen aus der Erzengelsphäre sozusagen diese Partei, dieses Programm ist.

Und da weist Rudolf Steiner darauf hin, daß das Gegenbild einer Gruppe dreierlei sein kann: Es kann ein ahrimanisches Wesen aus der Erzengelsphäre sein, es kann ein luziferisches sein, es kann aber auch ein fortschrittliches sein.

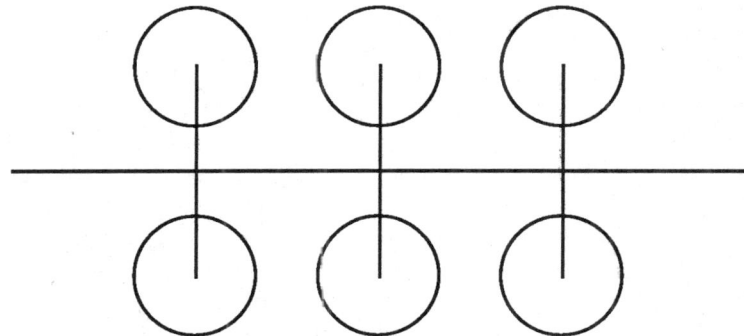

Nun, zu einem Zeitpunkt, der eigentlich für die Menschheit sehr wichtig ist — Sie können verstehen, daß Ahriman da alles tut, auch ahrimanische Gruppen z_

bilden. Und die kennen wir; das hat einen Namen: Es ist Teamwork. Es gibt überhaupt keine wissenschaftlichen Fortschritte mehr, die von einem Einzelmenschen gemacht werden können heutzutage. Wissenschaftliche Fortschritte werden nur noch durch Teamwork möglich, indem eine Gruppe von Menschen sich ganz stark auf ein wissenschaftliches Problem, auf eine Untersuchung konzentriert als Gruppe zusammen. Und man sieht, wie so ein Team funktioniert, man sieht, wie die Leute in den großen chemischen Laboratorien oder in den elektronischen Laboratorien zusammen arbeiten — ich habe in den letzten fünfzehn Jahren sehr viel mit solchen Gruppen zu tun gehabt —, mit welcher Aufopferungskraft, mit welch ungeheurer Intensität die Menschen Tag und Nacht als Gruppe zusammenarbeiten und einfach alle menschlichen Schwierigkeiten auf die Seite schieben, damit das Ergebnis möglich wird. Die ganze Atombombe wäre unmöglich gewesen ohne Teamwork. Und auch die großen Errungenschaften der heutigen Wirtschaft wären unmöglich ohne Teamwork.

Aber was findet da im Teamwork statt? Es ist ein Team an der Arbeit mit einem ungeheuer deutlich formulierten Ziel, etwa eine neue chemische Formel, einen neuen chemischen Stoff zu gestalten. Sehen Sie, es gibt Gruppen von Chemikern, die arbeiten daran: Wir brauchen eine Substanz, die die Elastizität von Gummi hat, die Härte von Stahl und die Unangreifbarkeit für alle chemischen Substanzen. Diesen Stoff wollen wir schaffen. Dann begibt sich ein Team daran und fragt sich: Um diese Frage zu lösen, müssen wir erst eine Reihe von Problemen gelöst haben, technische Probleme der Herstellung z. B. Das ist die erste Generation der Probleme, die wir lösen müssen, dafür brauchen wir acht Jahre. Dann können wir die nächste Generation der Probleme lösen, dafür brauchen wir mindestens zehn Jahre — das sind achtzehn Jahre, bis wir überhaupt das Problem, das wir ursprünglich hatten, angreifen können. In großen chemischen Betrieben sind solche Programme angelegt auf zwanzig, fünfundzwanzig Jahre im voraus, an denen man ganz systematisch arbeitet, in großen Gruppen von Menschen. Das ist eigentlich die Gruppenarbeit heutzutage — und auch bei manchem im Sozialen sieht man dieses Teamwork anstehen. Und es ist natürlich so, daß dieses Teamwork auch zu uns herüber gekommen ist und daß man sagt von anthroposophischer Seite: Ja, man kann im sozialen Leben keine Gruppenarbeit machen, denn das ist doch Teamwork, das ist Ahriman. Ja, ganz recht — aber die Frage ist: Welches Ziel setzt man sich? Und das ist das Geheimnis der Gruppe: Welche Art der Ziele setzt man?

Es gibt auch — bevor wir darauf eingehen — noch andere Gruppen, es gibt auch luziferische Gruppen. Das sind alle Gruppen, die auf Programme und auf Ideologien gegründet sind. Wenn man einmal die luziferische Gruppenbildung studieren will, dann muß man die Geschichte der anthroposophischen Gesellschaft studieren. Das sage ich hier ganz offen und deutlich und noch heutzutage. Die Parteien, die Gruppierungen, die sich gegenseitig bekämpfen, die sagen: Das ist richtig, dies ist nicht richtig usw., ich bekenne mich zu der Gruppe, die das und das für richtig hält — abgesehen davon, ob dasjenige, was gesagt wird, richtig oder nicht richtig ist, auch wenn es richtig ist, ist diese Art, wie man eine Gruppe bildet, eine luziferische Sache. Man hat sich ein Programm gesetzt, man hat eine gewisse Ideologie, eine gewisse Meinung, über das Richtige gefaßt, daraus entsteht dann eine ungeheure Kraft. Denn sowohl die ahrimanischen wie auch die luziferischen Wesen aus der Hierarchie der Archangeloi sind ungeheuer hohe Wesen — die aber die Kraft haben, die Menschen von sich besessen zu machen und den Menschen unfrei zu machen. Nun, die hierarchische Mitte zwischen den beiden — das ist eigentlich das, was eine Gruppe bildet im fortschrittlichen Sinne. Da muß man sagen, die Wesen, die sich mit Gruppen von Menschen verbinden möchten und die wirklich fortschrittlich sind, die halten sich zurück. Sie machen den Menschen nicht besessen. Der Mensch muß sich sozusagen eine Situation schaffen, wodurch plötzlich eine Gruppe für diese Hierarchie sichtbar wird. Wenn eine Gruppe von Menschen zusammensitzt und man wirklich übt, sich gegenseitig zu hören, dann kann ein Moment dasein, wo plötzlich die Gruppe für die geistige Welt interessant ist — wenn ich das so häuslich sagen darf. Worin plötzlich die Tatsache in der Welt für die Erzengelsphäre sichtbar wird. Da kann sie einen Moment eingreifen. Aber sie greift nur ein, solange der Geist bei uns auch wirklich anhält, und sie geht danach sofort zurück. Man kann, wenn man dafür geschult und empfindlich ist, erleben: Heute war es einen Augenblick da. Im nächsten Augenblick ist es schon wieder weg. Da fällt wieder ein Wort — die Situation ist zerstört. Ich erinnere mich, daß Herbert Hahn einmal erzählt hat von einem Gespräch mit Rudolf Steiner, das darauf kam, daß die Begegnungen zwischen Menschen — wo plötzlich etwas ist zwischen zwei Menschen, wo Iche sich begegnen — eine so seltene Angelegenheit im Leben ist. Aber, sagte Rudolf Steiner, wenn das einmal im Leben passiert ist, soll der Mensch sich üben, sich an diese Situation zu erinnern und sie immer wieder in der Erinnerung wachzurufen: Ich bin dem Menschen einmal begegnet — einen Augenblick war es da. Und dann war es wieder gewöhnlich. Es war ein Augenblick in einem Gespräch — oder jemand kommt in das Zimmer herein —, und plötzlich ist etwas da, was mehr ist als die physische Begegnung. An solch heilige Momente, hat Rudolf Steiner zu Herbert Hahn gesagt, soll man sich erinnern. Das ist die Kraft, wodurch man die Dinge festhält. Und wodurch man die Möglichkeit schafft, ein Organ zu entwickeln, es nicht zu verschlafen, wenn es im weiteren wieder einmal passiert. Das ist eigentlich im höheren Sinne das, was ich genannt habe soziale Empfindlichkeit: Empfindung, das Vermögen, darauf zu achten, daß solche Momente da sein können.

Nun, dieses kann geschehen auch in einer incidentellen Gruppe – ich unterscheide „incidentelle" Gruppe und „permanente" Gruppe. Bei der „incidentellen" Gruppe kommen die Menschen einmal zusammen für einen Tag, für eine Woche, und gehen dann auseinander. In dieser Zusammenstellung kommt die Gruppe nicht mehr zusammen. In der „incidentellen" Gruppe ist es schwieriger, das zu erleben. Es gibt aber auch permanente Gruppen, es gibt auch Gruppen, die durch Jahre hindurch in derselben Zusammenstellung zusammen arbeiten müssen. Auch dort gibt es dann diese gesegneten Momente, wo eine Gruppe da war. Man kann sagen – wenn das einmal in drei Jahren geschieht, ist das schon viel. Aber auf diese Momente soll man ganz, ganz schnell aufmerksam sein und sie dann nicht vergessen, denn sie tragen uns durch die Schwierigkeiten hindurch durch das Bewußtsein: Es war einmal da in dieser Gruppe, der Moment ist gewesen, und wir haben uns geschaut. Wir haben uns als Gruppe erlebt und als Gruppe geschaut. Die Erzengelsphäre war wahr – solange der Geist trägt. Und man soll es auch nicht mit Gewalt wieder herstellen wollen, das gelingt nicht. Sobald man es zum Programm macht, dies zu erreichen, ist man schon ins Luziferische gekommen. Es ist die Freiheitssphäre, worin man einfach abwarten muß, ob es geschieht, wo man sich aber ungeheuer anstrengt; es tritt immer dort auf, wo jeder ganz hinhorcht auf das Ganze. Solche Momente gibt es dann.

Nun, damit ist eigentlich schon etwas gesagt. Die Erzengelsphäre, die luziferisch – ahrimanisch ist, greift schon von sich aus in die Welt ein. Wer zu einem Team gehört, zu einem Research Team gehört z. B., der ist von diesem Gedanken des Research (= Forschung) fanatisch ergriffen, der ist dämonisiert davon. Wer sich zu einer Partei bekennt oder in einer Partei kämpft gegen eine andere Partei, der ist ganz davon erfüllt. Dafür braucht man sich nicht anzustrengen. Da greift die geistige Welt ein – man läßt sie zu, und man wird einfach paralysiert. Das andere ist etwas, was ein Zartes ist in der heutigen Zeit.

Man kann noch tiefer gehen. Ich glaube, man kann sagen, daß ein noch tieferes Symbol der Gruppe steht dort, wo die Archai-Wesen sind. Aber die Archai sind Zeitgeister. Wo eine Gruppe von Menschen zusammen eine Entwicklung durchmacht, da erst kommt man in die Sphäre der Archai hinein.

Denn die Archai-Wesen sind überhaupt die Wesen, die die Entwicklung tragen. Wie sind die Anti-Archai-Wesen, die Asuras, wie hat Rudolf Steiner sie beschrieben? Er hat sie beschrieben als Wesen, die Entwicklung vernichten. Die Asuras versuchen das menschliche Ich zu vernichten – das heißt, sagt Rudolf Steiner dann, das Ich kann als solches nicht vernichtet werden, aber die Ergebnisse von vielen Inkarnationen können vernichtet werden, können abgeschnitten werden, können nicht mehr wirksam sein. Das ist also Anti-Entwicklung, da wird Entwicklung zerstört, das sind die echten antichristlichen Kräfte. Aber dasjenige, was im Sinne der fortschrittlichen Geister wirkt, im Sinne der Entwicklung steht, das sind die Archai-Wesen. Auch der einzelne Mensch tritt in seiner Entwicklung in diesen Zeitenstrom hinein.

Die Archai sind, wie Rudolf Steiner schreibt, entstanden, als der alte Saturn geschaffen wurde. Da entstand auf dem Saturn die Zeit. Aber die Zeit, das war ein Wesen. Und die Wesen, die Zeit geben, das sind die Archai. Mit der Geburt der Archai fängt überhaupt die Zeit an mit dem alten Saturn. Es ist sehr schwierig, sich das wirklich vorzustellen. Davor war Dauer, davor war Ewigkeit, war keine Zeit. Aber Zeit bedeutet, daß ein Strom rhythmisch fließt, die Zeit kann man nur am Rhythmus messen. Da sehen wir die Zeit der Sonnen-Jahre. Rudolf Steiner sagt, es hat gar keinen Zweck, über zwei Millionen Jahre der Erdentwicklung zu sprechen, denn eine Zeit auf der Erde hat es erst gegeben, als die Sonne aus der Erde ausgeschieden war – davor gab es noch keine Zeit im eigentlichen Sinne. Davor gab es noch keine Jahre, denn die Zeit konnte nicht gemessen werden. Aber die Zeit entsteht im Rhythmus. Und nun sieht man dieses Wunderbare, daß die Archai – Geister der Entwicklung könnte man sie auch nennen – den Menschen begleiten, ihn begleiten auch wieder dadurch, daß sie durch die Arachangeloi-, bis durch die Angeloi-Sphäre hindurch strahlen – dies sind die Geister, die den Angeloi helfen, die Menschen durch Geburt und Sterben und Wieder-Geburt hindurchzutragen. Und Rudolf Steiner sagt auch, daß dieses, was da hindurchgeht, nicht von Einzelmenschen, sondern immer von Gruppen durchgemacht wird. Wir machen diesen Weg nicht als Einzelmensch, sondern wir machen ihn durch als Gruppe. Wir sterben als Zeitgenossen und wir werden als Zeitgenossen wieder geboren. Und nur in ganz einzelnen Fällen gibt es Menschen, die diese Zeitgenossenschaft durchbrechen und aus irgendeinem Grunde hinuntergehen in einem Moment, wo sie sich außerhalb ihrer karmischen Gruppe inkarnieren. Das sind dann ungeheuer einsame Menschen. Sie haben keine Beziehungen zu andern, ein sehr schweres Schicksal. Jetzt darf ich Ihnen vielleicht etwas Persönliches sagen. In der anthroposophischen Gesellschaft war eine Persönlichkeit, die sehr unauffällig war, sehr wenige Menschen kannten sie. Sehr wenigen war sie aufgefallen — außer einem ganz kleinen Kreis von Menschen, der sie kannte, aber auch dort hatte sie kaum echte Freunde. Nun, in Gesprächen, die Rudolf Steiner geführt hat, nicht mit ihr, aber mit verschiedenen anderen, hat er gesagt: Sie hat sich außerhalb ihrer karmischen Gruppe inkarniert, um in diesem Leben mir zu begegnen. Das ist die Tat einer großen Individualität. Ich habe sie gekannt, als physische Persönlichkeit — als geistige Persönlichkeit kam man kaum an sie heran. Und sie sagte einmal, als sie im Haag war auf Besuch: Sehen Sie, die Menschen übersehen mich immer. Wir saßen in der Tram, und da sagte sie: Sie werden sehen, der Schaffner übersieht mich und fragt mich nicht nach der Tramkarte. Sie werden es sehen; das geschieht mir überall. Man übersieht mich. Und wirklich, der Schaffner ging vorbei und hat ihr keine Karte verkauft. — Sehen Sie, das ist immer so! Ich werde von meinen Zeitgenossen einfach nicht gesehen! Es ist mein Schicksal! — Ich erzähle das — denn man wird in diesem heilpädagogischen Kreis solch ein Beispiel nennen dürfen —, da man doch in der Heilpädagogik ganz intim auch auf das Karmische der Kinder einzugehen versucht. Daran erkennt man etwas, nicht wahr.

Aber im allgemeinen ist man eine Gruppe, ist man Zeitgenosse. Und mit den Zeitgenossen zusammen stirbt man und geht in die geistige Welt. Wie Rudolf Steiner schildert, ist das Ich in der Vorbereitung zum Abstieg auf die Erde die längste Zeit zwischen Sterben und neuer Geburt in der Sonnensphäre, Und was geschieht da? Da geschieht, daß die Menschen nun wieder füreinander sichtbar werden, und man baut an dem Körper des anderen. Die Vorbereitung für den physischen Leib wird nicht von uns selbst gemacht, sie wird von anderen gemacht. Ich baue mit am Körper von anderen Menschen. Dr. Steiner hat sich in einem kleinen Kreis einen Scherz erlaubt und gesagt: Wenn einer mir im Leben begegnet und er sagt: Diese Nase sieht mir bekannt aus, dann hat er ganz recht, denn er hat mir geholfen, daß ich die Nase jetzt so habe. Es ist ganz konkret, daß man wirklich am anderen baut. Wunderbar ist auch, wie Rudolf Steiner beschreibt, daß als erstes das Organ des Herzens gebildet wird, wie man da hinein kommt in diese Sonnen-Sphäre und allmählich den großen Sonnen-Rhythmus in die Systole und Diastole geht. Und wenn man das dann als Ich erlebt und sich da hineinhört, dann fängt man an, einen Rhythmus herauszuhören, und den erlebt man als den eigenen. Das ist der Herzschlag des kommenden Lebens, der ganz individuell ist. Den man aus dem vielen, was da klingt, als einen eigensten Herzschlag aus dem Welten-Ryhthmus herausholt. Der Herzrhythmus ist eigentlich das Individuellste des Menschen, ist dasjenige, was mich durch das Leben als mein eigenes hindurchträgt. So baut der eine Mensch am anderen in einer ungeheueren Gemeinschaft.

Und das ist das Urbild für die menschliche Gemeinschaft auf Erden. Man hat nicht eine Gruppe, damit man selbst etwas bekommt, sondern, daß man aneinander baut, daß man die Entwicklung des anderen fördert. Und je mehr man die Entwicklung des anderen fördert, desto mehr darf man hoffen, daß eigene Entwicklung vom anderen geschenkt wird. Das ist ein Hin und Her und Ein- und Ausatmen. Dort entsteht eigentlich das Geheimnis der Gruppe, wo Menschen zusammen sind, die nicht fragen: Wie bekomme ich etwas, höre ich etwas, was ich noch nicht wußte — das ist auch egoistisch, nicht wahr —, sondern: wie kann ich etwas tun, damit das Ganze dieser Menschengruppe gefördert wird. Und dann, wenn das einmal gelingt, dann kommt richtige Gruppenbildung für einen Moment zustande — und im nächsten Moment ist sie wieder weg. In einer reifen Gruppe können solche Momente mehrmals passieren. Und dadurch kann auch Entwicklung stattfinden.

Ich kann eine Gruppe in Entwicklung bringen, und das kann auch während einer Woche geschehen. Wir werden erleben, wie Sie auch in einer ziemlich willkürlichen Gruppe, wie sie jetzt hier zusammengestellt ist, wie Sie von Tag zu Tag bei allen Bemühungen trotz aller Schwierigkeiten eine Entwicklung durchmachen — indem man sich allmählich herantastet daran, daß man in der Gruppe schenken lernt, hinhören lernt und schenkend hinhören lernt. Dann ist auch wichtig — und das sind unsere Übungen —, daß man, wenn man etwas getan hat, eine Sache in die Welt hineingestellt hat während der Morgenstunde — das ist ein Geburtsprozeß, ein Saturnprozeß in solch einer Gruppen-Sitzung —, daß man dann das andere Extrem, den Monden-Prozeß auch hinzunimmt und auf die Sache zurückschaut und sie spiegelt, in der Spiegelung nochmals sieht: Wie war es eigentlich? Auch eine Spiegelungs-Aktivität kann dazu führen, daß einem Dinge deutlich werden, es kann dazu führen, daß man zu neuen Gruppenerlebnissen kommt.

Ich habe das Gefühl, daß wir eigentlich als Pädagogen immer versuchen, Mitarbeiter zu sein in der Archai-Sphäre, Mitarbeiter zu sein in Entwicklungen, die man begleitet durch Jahre hindurch bei den Kindern, aber auch in der eigenen Gruppe. Vielleicht können Sie dieses Bild mit sich nehmen in den Schlaf hinein, daß bei der Entstehung einer Gruppe sozusagen aus der Archai-Sphäre hinunter geschaut wird durch die Archangeloi-Sphäre hindurch in die Sphäre der Engel — und ein Gegenseitiges zwischen den Engeln in einer Gruppe ist schließlich das Geheimnis der Gruppe. Das ist dann gegenseitig. Dabei ist der Engel in seiner Entwicklung vom Menschen abhängig. Der Engel kann, wenn er mit einundzwanzig Jahren gesagt hat: jetzt bist du erwachsen, geh ins Leben hinein — wie Eltern das sagen zu ihren Kindern —, der Engel kann sehr traurig sein, wenn er einen wieder erwartet. Und er kann gezwungen sein, einem etwas zurückzuspiegeln, was dem Wächter leid tut, was ihn aber auch bindet. Denn die Entwicklung der Engel ist davon abhängig, was wir daraus machen. In der Erzengelsphäre ist das schon freier. Und in der Archai-Sphäre — die hat für sich zu tun, die braucht die großen Rhythmen, so daß sozusagen die kleinen Rhythmen in den großen Rhythmen aufgelöst sind.

Wenn also einmal eine Gruppe in Entwicklung kommt, dann entsteht ein gewaltiger Prozeß, der dann heilend wirkt auf all dasjenige, was als ahrimanische und luziferische Gruppenbildung in der heutigen Zeit ungeheuer stark wirkt. Wer z. B. mitmacht Sitzungen der links-radikalen Studenten, der kann erleben, was es bedeutet, wenn Menschen dämonisch fanatisiert sind. Und aus gewaltigen utopischen Ideen einfach die Welt kaputt schlagen. Und andererseits gibt es die Menschen, die mit ungeheurer Opferkraft sich ein ahrimanisches Ziel setzen und irgend etwas zustande bringen wollen, von dem man sagen muß, daß es doch eine Nichtigkeit ist. Zwischen diesen beiden ist die Gruppenarbeit, die wir meinen, etwas, was ein Geschenk ist, wenn es da ist, und immer ein Versuch; und wenn Sie einmal im Leben solch einen Moment erleben, dann vergessen Sie ihn nicht und rufen Sie ihn jedesmal wieder in Erinnerung und sagen Sie sich: Ich weiß, daß es möglich ist, und ich habe das einmal mitgemacht.

Gruppenarbeit zwischen Überlegen und Streiten
Dritter Vortrag vom 2. April 1970

Liebe Freunde, wir wollen heute versuchen, uns noch weiter mit der Gruppenarbeit zu beschäftigen, und zwar von einem neuen Gesichtspunkt aus, namentlich von dem Gesichtspunkt der wachsenden Institute und der verschiedenen Arten, wie Institute organisiert sein können. Zuerst möchte ich eingehen auf das, was wir gestern und vorgestern schon besprochen haben, nämlich die eigentliche Gruppenarbeit. Da ist es so, daß, wenn man es äußerlich ansieht, eine Gruppenarbeit da stattfindet, wo Menschen versuchen, ehrlich miteinander umzugehen und ehrlich miteinander zu überlegen. Es ist dies ein besonderes Wort: ,,sich überlegen''. Es bedeutet ja, daß einer und der andere sich sozusagen auswechseln und man versucht, zu einer Lösung zu kommen, die besser ist, als jeder einzelne sie machen könnte. Diese Bedingung muß bestehen. Wenn einer da ist, der der Gruppe sagt: Ich weiß es doch sowieso schon, es braucht nur das eine, daß meine Einsicht ankommt — dann kann er die Gruppe so führen, daß er zum Schluß sagen kann: Das ist herausgekommen, was ich schon vorher gewußt habe. Dann hat er der Gruppe nicht genutzt. Dann hätte er auch genausogut die Dinge selbst machen können. Dann war die Gruppe ein Täuschungsmanöver. Das nennt man manipulieren, das ist Manipulation. Und manipulieren — das lohnt sich nicht auf die Dauer. Sie kennen das schöne amerikanische Sprichwort: Crime doesn't pay — Verbrechen zahlt sich nicht aus, Verbrechen lohnt sich nicht. Ich habe das umgewandelt und habe gesagt: Manipulieren lohnt sich nicht. Man kann es ein- oder zweimal tun, dann haben es die anderen auch heraus. Das nächste Mal, wenn man versucht, ehrlich zu sein, glaubt einem keiner mehr. Man hat dann seinen guten Namen verdorben. So entsteht in manchen Instituten Mißtrauen, Vorurteile. Manipulieren, um einen kurzschlüssigen, kurzfristigen Erfolg zu haben, ist immer sehr teuer bezahlt in einer bleibenden Gemeinschaft. Denn damit verdirbt man vieles für die weitere Zukunft.

Ich muß auf diese Dinge noch mal eingehen, damit Sie sehen, wie die Sache ist, denn man kann fragen: ,,Kann man dann überhaupt ehrlich überlegen?'' Hat nicht jeder in sich die Idee: Entweder ich habe überhaupt kein Verständnis, ich weiß überhaupt nichts davon — oder ich weiß es schon! Ich kenne die Situation, was dabei herauskommen wird. — Ich war einmal bei einem Mann, der war Vorsitzender von verschiedenen Vereinen und sagte: ,,Ich kann jeden Verein jeden Entschluß fassen lassen, den ich will!" Und das hat er auch so gemacht — daß am Schluß jedermann ja gesagt hat, weil man gesehen hat, es ist vollkommen überflüssig zu versuchen, seine Stimme zu erheben, denn er dreht die Sache doch. Sieht er einen, der dagegen ist, den übersieht er — und gibt einem das Wort, von dem er weiß, daß er dafür ist. Solche Dinge kann man natürlich auch manipulieren. Er betrachtete sich selbst als einen sehr guten Vorsitzenden! — Aber seien Sie vorsichtig — Sie haben auch so einen „Vorsitzenden" in sich, jeder von uns!

Es ist eine Gefahr, solche Dinge zu betrachten von *einem* Gesichtspunkt aus. Man muß sie immer in eine Polarität hineinstellen und versuchen, einen fließenden Übergang zu finden. Wenn wir hier das eine Extrem haben: „Überlegen" — Sie verstehen, wie ich es meine —, dann haben wir hier „Streiten". Das ist das andere Extrem, wo man nicht zu einem gemeinsamen Entschluß kommen will, sondern man entweder gewinnt oder verliert.

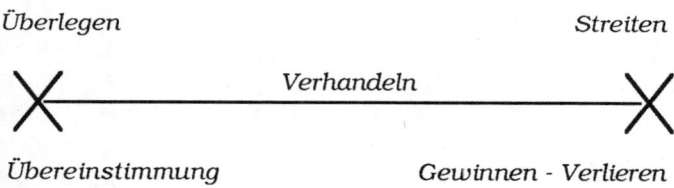

Beim Überlegen kommt man zu einer Übereinstimmung — es ist das Ziel des Überlegens, daß man zu einer Übereinstimmung kommt. Beim Streit geht es um Gewinnen oder Verlieren. Da muß der eine nachgeben und der andere gewinnt. Dazwischen aber liegt das „Verhandeln" — wenn eine Gruppe zusammenkommt, dann kann sie sich vornehmen, zu einer Überlegenssituation zu kommen. Sie fängt aber immer irgendwo mit einer Verhandlungssituation an. Man ist immer entweder hier, oder hier, oder hier oder in der Mitte. Wenn man beim Verhandeln anfängt, dann versucht man, in diese Richtung zu kommen, immer näher an die echte Überlegung, in das echte Gruppengespräch hineinzukommen. Aber man kommt immer wieder zurück, und es gibt Momente, wo das Gespräch ganz hier ist — es schwankt immer zwischen dem reinen Überlegen, das nie da ist, und dem bösen Streit, der auch nie da ist.

Beide Extreme existieren nicht, nicht wahr! Aber man ist schon immer dicht daran! Denn immer da, wo es Streit gibt, sind die karmischen Beziehungen meistens sehr gut. Weshalb geht man so hinein in den Kampf? Weil irgendwo doch eine Verbindung da ist. — Also den absoluten Streit kennen wir nicht, aber etwas, was nahe daran ist. Darum ist es nützlich, solche sozialen Prozesse nie als ein Absolutes hinzustellen. Das ist in anthroposophischen Kreisen immer das Schwierige, daß man die absoluten Normen wünscht. Das soll so sein und nicht anders! Während im Leben es nie so ist — zwischen zwei Extremen ist man immer irgendwo auf dem Wege hin zum einen oder zum anderen. Und ein lebendiges Gespräch bewegt sich auf dieser Linie hin und her.

Nun ist es so, wie wir früher gesagt haben: Beim Überlegen geht es um die vier Schritte: Da ist die Gruppenbildung — das ist die Wärmesituation, wodurch die Gruppe zustande kommt. Dann entsteht nach der Gruppenbildung die Bildgestaltung — das ist ein Lichtäthergeschehen, es entsteht Licht. — In der Urteilsbildung liegt das eigentliche Gespräch, da findet eigentlich ein chemischer Prozeß statt. Es ist der chemische Äther, der da wirkt, der nun die soziale Chemie zustande bringt — wo einer etwas einbringt und plötzlich ändert sich alles. Es ist wirklich wie in der Chemie — man hat Natrium und Chlor, diese zwei verschiedenen Substanzen; die kommen zusammen und bilden das Kochsalz, eine ganz neue Substanz. — Und dann kommt die Entschlußfassung als eine Tat, wo es auskristallisiert, da wird es ein Entschluß, wenn es auskristallisiert. Das ist der Bereich des Lebensäthers. Diese vier Stufen sind eigentlich die vier Stufen der ätherischen Welt.

Es fängt mit der Gruppenbildung an: Wenn eine Gruppe kalt ist und nicht mit Wärme beginnt, dann gibt es keine Gruppenbildung, und dann kommen die anderen Stufen auch nicht zustande. Es muß immer eine gewisse freudige Arbeitswärme dasein. Das kann eine Wärme sein, daß man sagt: „Schön, daß wir wieder einmal zusammen sind!" Das ist dann eine sehr oberflächliche Wärme. Das kann aber auch eine Wärme sein, die sich am Ziel erwärmt, das man mit den anderen zusammen gemeinsam erreichen will. Und deshalb habe ich so oft gesagt: Man darf dieses Stadium der Gruppenbildung nicht überschlagen und sofort mit der Sache anfangen — man muß sich doch fragen: Wollen wir es — sind wir die richtige Gruppe — sind wir wirklich engagiert oder nicht? Eine Gruppe, die kalt ist, die kommt zu keinem fruchtbaren Entschluß.

Nun, ich habe gesagt: Zur Bildgestaltung gehört, daß jeder von demselben Bild ausgeht. Das ist ein demokratischer Prozeß. In der Bildgestaltung entsteht die Demokratie! Denn man geht davon aus, daß man nicht eher weitergeht, bis jeder alle Unterlagen und Informationen kennt, damit er auch wirklich sachgemäß sprechen kann. Das ist eine langwierige Sache, aber es lohnt sich. Denn wenn man das nicht macht, kommt später die Verwirrung. Dann sagt einer: „Es ist unmöglich, was Sie sagen, denn Sie haben das und das nicht gewußt!" — Zwischendrin entsteht dann Streit über die Information, über die Tatsachen. — Dieser Lichtäther, diese Lichtdurchleuchtung der Gruppe, die ist wirklich nun so, daß man einen rein demokratischen Prozeß hat, bei dem man darauf aus ist, daß die Information wirklich verteilt wird über die Gruppe. Da fängt aber auch das Manipulieren an: In der Verhandlungssituation wägt man zwar einige Dinge ab, hält aber noch einige Informationen zurück. Man sagt: „Ich bin bereit, soweit zu gehen." — Unterdessen hat man gedacht: „Ich gehe nötigenfalls noch ein bißchen weiter, aber ich versuche es einmal, hier aufzuhören."

Also, wenn eine Gruppe in einer Verhandlungssituation ist, gibt es verschiedene Ziele. Aber sie ist doch nicht ganz gespalten, denn es gibt irgendwo gemeinsame Interessen. Solange noch ein gemeinsames Interesse da ist, ist eine Verhandlung möglich. Das sieht man auch bei politischen Verhandlungen. Wenn das letzte gemeinsame Interesse schwindet, dann fängt der Krieg an, oder es fängt der Kampf an. — Dies also ist die überdachende Sache! In unseren Instituten sitzt unter den Mitarbeitern meistens doch diese „Dachorganisation" da! Es ist meistens doch so, daß man wenigstens glaubt, zusammen ein Institut führen zu wollen. Solange dieses Interesse da ist, kann man über die Dinge verhandeln. Aber unterhalb dieses gemeinsamen Interesses gibt es dann verschiedene Ziele. Der eine will dies, der andere jenes. Das ist dann eine reine Verhandlungssituation, und man muß wissen — auch wenn man sich wirklich ehrlich vornimmt zu überlegen —, daß man mit einer Verhandlungssituation anfängt. Nun ist es so, wenn ich die Verhandlungssituation ordne und versuchen will, daß die Gruppe sich in jede Richtung frei bewegt, dann fange ich an, die Gruppe aufzuwärmen, ich fange an, die Informationen sorgfältig zu behandeln, und es wird gesagt: „Hat einer noch etwas vorzubringen, was für die anderen wichtig ist?" Die Sache kann aber auch so sein, daß einer die Information zurückhält. Denn, wissen Sie, in der heutigen Zeit ist die ganze Machtsituation verbunden mit dem Besitz von Informationen.

Ein Amerikaner hat vor einiger Zeit gesagt: „Wenn Karl Marx 100 Jahre später gelebt hätte, hätte er nicht das ‚Kapital', sondern die ‚Information' geschrieben." Das bedeutet, nicht mehr das Kapital ist dasjenige, das Macht gibt, denn Geld hat heuzutage merkwürdigerweise eine andere Rolle als noch vor 30-40 Jahren. Wenn man eine gute Information, eine gute Idee hat, dann kann man Geld bekommen. Geld ist da heute. Hat man die richtige Information, weiß man die Dinge, hat man die richtigen Ideen – dann kommt das Geld dazu. Der ganze Kampf in den heutigen Arbeitsgruppen geht nicht darum, daß der eine mehr besitzt als der andere – gewisse Besitzverhältnisse werden immer weniger wichtig werden. Denn wenn man heute Geld oder Güter besitzt und man kann sie nicht neu lebendigmachen, dann sind sie in kürzester Zeit verschwunden – es ist merkwürdig! Aber wer Ideen hat, wer Informationen hat und weiß, wie er seine Ideen vertreten muß, wie er sie in die Welt hineinstellen muß, damit sie auch Wirklichkeit werden – für den ist das Geld da. – Nun, gerade deshalb ist diese Informationsphase des Gesprächs so wichtig, denn dort geht es um die Macht, auch in unseren Instituten. Wer gewisse Informationen besitzt, hat Macht über andere. Das muß man einmal ganz offen aussprechen. Und die anderen wissen das auch, und sie sind dabei machtlos, denn sie wissen, sie haben keine Unterlagen. Sie können darüber nicht urteilen, denn sie wissen es nicht. Sie haben nur ein Gefühl: Es stimmt irgendwo was nicht. Sie können es nicht beweisen.

Nun, um wirklich eine klare und durchleuchtete, kristallklare Situation zu schaffen, muß man im Institut mit der Information sehr sorgfältig umgehen. Das bedeutet nicht, daß jeder alles wissen muß. Denn dann kommt man auch nie zu Rande. Es gibt auch eine Art, Information zu verschleiern, indem man alle Informationen den Menschen mitteilt. Dann können sie vor Bäumen den Wald nicht mehr sehen. Dann können sie den Weg nicht mehr finden. Dann haben sie natürlich die Schwierigkeit: Was muß ich damit anfangen? Das ist auch eine Angst. – Deshalb ist das Führen heutzutage so ungeheuer schwer, weil man immer sich fragen muß: Was braucht dieser Mensch für Informationen, damit er seine Arbeit auf eigene Verantwortung tun kann? Denn für seine Arbeit muß er ein Minimum an Informationen haben, an Wissen über die Dinge. Wenn man ihm das zuteilt, versetzt man ihn in die Möglichkeit, Verantwortung zu tragen. Wenn man ihm zu wenig oder zu viel gibt, ertrinkt er in der Situation und weiß gar nicht mehr Bescheid. Das ist ein großes Problem der heutigen Betriebsführung, auch in den „normalen" Betrieben, daß z. B. die Spitze ertrinkt in der Fülle der Informationen, die hinaufkommt. Man kann jetzt durch die Mechanisierung der Informationsverarbeitung sozusagen von Minute zu Minute im Betrieb alles wissen – aber wenn alle halbe Stunde so ein Stoß Papier auf den Tisch des Direktors kommt, dann kann man genausogut gar nichts an Informationen geben. Denn er braucht viel zu lange Zeit, um das Wichtige herauszufinden. Das bedeutet, daß immer die Sache verarbeitet werden muß, so daß sie in die Form kommt, daß der andere sie versteht. Das ist eine ganz neue Kunst, die jetzt heraufkommt, und das ist eine Angelegenheit, womit wir gerade in der Betriebsberatung sehr viel zu tun haben: Wie entsteht die richtige Information am richtigen Platz? Was muß der Leiter der Werkstatt wissen? In welchen Abständen — täglich — wöchentlich — monatlich — in welchem Grad der Genauigkeit? Muß er alles wissen bis drei Ziffern hinter dem Komma, oder nur Ungefähres, 50 oder 60? Das genügt für ihn, denn damit kann er die Sache genug leiten. Wenn er jede halbe Stunde eine Nachricht bekommt — ich habe das einmal gesehen, da hatte der Mann so einen Dorn und hat alle Zettel auf die Nadel gepikt, es war ein ganzer Stoß drauf. Dann hat er die Sache abends durchgeschaut und in den Papierkorb geworfen. Ich habe gesagt: „Wissen Sie, wieviel das kostet, daß Sie das haben?" „Keine Ahnung", sagte er, „aber das interessiert mich nicht!" — Das kostet was — die Informationsbearbeitung ist immer auch ein Teil der Unkosten. Also, eines der wichtigsten Dinge ist die Information. Welche Information braucht z. B. die Spitze? Mit welchem Grad der Genauigkeit, in welchen Abständen? Was muß jemand täglich wissen, was wöchentlich, was monatlich, was dreimonatlich, damit er die Übersicht behält und seine Entschlüsse fassen kann? Das ist auch schon für Institute wichtig — wir haben unsere wöchentlichen Lehrerversammlungen, das ist eine Information von Woche zu Woche. Es gibt aber auch Dinge, die man nur zweimal im Jahr überschauen muß: Wie geht es mit den Finanzen des Institutes? Für die meisten ist es eine uninteressante Sache, weil sie sich auf das Pädagogische oder Künstlerische verlegen. Sie möchten nur wissen, geht es gut oder nicht. Da genügen ganz globale Informationen — z. B. zweimal im Jahr eine Lehrersitzung, in der man sagt: „Nun wollen wir auch einmal versuchen, einen Einblick in diese Sache zu geben." Das machen wir auch im NPI so, zweimal im Jahr haben wir einen Samstagmorgen, an dem wir das finanzielle Resultat der Arbeit uns gegenseitig klarlegen. Es wird in globalen Ziffern aufgeschrieben — aufs schwarze Brett oder vervielfältigt —, und man überlegt es sich und fragt: „Wieviel von dem, was da ist, wollen wir reservieren für die Gehälter, wieviel für die Forschung und Untersuchungen und wieviel für Ausbildung von neuen Mitarbeitern?" Denn die neuen Assistenten kosten Geld. Es ist dann ein gemeinsamer Entschluß, den man faßt: Wir könnten 80% als Gehälter verteilen — aber wir verzichten darauf, wir verteilen nur 60%. Damit verdienen wir viel weniger, als sonst Menschen unserer Sorte in der Wirtschaft verdienen würden. Aber wir verzichten, damit wir Geld frei haben für Untersuchungen auf neuen Gebieten, wofür Menschen frei gemacht werden aus der laufenden Arbeit.

Aber Manipulation bedeutet, daß man sagt: „Ich habe alles gesagt" —

und man hat doch nicht alles gesagt, man hält noch Dinge zurück. Alle anderen haben ein Ziel, das wollen sie erreichen, aber einer hat eine geheime Agenda — der will eigentlich etwas anderes, aber sagt das nicht. Ein einiges Überlegen ist damit unmöglich. Es ist die Schwäche dieser Sache, daß einer eine ganze Gruppe arbeitsunfähig machen kann. Das ist eben in die Verantwortung von jedem einzelnen gestellt. Deshalb ist man so abhängig voneinander. Das ist eine Schwäche, das muß ich auch sagen. Darum verzichten viele darauf und sagen: „Ich mache es lieber alleine. Es ist sonst viel zu langwierig und gelingt doch nie!" Nun, das ist natürlich auch möglich, und ich werde nachher darüber sprechen. Aber Sie sehen, das erste ist, daß alle wirklichen Informationen auf den Tisch kommen und man so wenig wie möglich versucht, Informationen zurückzuhalten. Nicht jeder ist immer in der Lage, alle Dinge zu sagen. Dann muß er aber wissen, daß ein echtes Überlegen nicht möglich ist. Aber das Absolute ist im Leben kaum zu erreichen. Man kann nur hoffen, daß eine Gruppe sich in dieses Gebiet begibt und nicht nur in das Gebiet des Streitens.

Man kommt aber auch in Situationen, wo man verhandeln muß — man muß z. B. mit Behörden verhandeln. Wenn man da an den Tisch sich setzt und will von sich aus ernstlich überlegen, dann ist man ein Tor, nicht wahr? Denn die anderen haben gar nicht vor zu überlegen — die haben vor zu verhandeln. Dann muß man selbst auch verhandeln. Und man muß lernen, mit der Information so umzugehen, daß man nur das frei gibt, von dem man denkt, das ließe sich für den Erfolg nutzen, den man haben will. — Dann geht es auf der zweiten Stufe um die Kriterien. Wir haben gesagt, wir müssen versuchen, alle Kriterien ehrlich auf den Tisch zu bekommen, damit man sich klar wird: Was wollen wir? Aber in solcher Verhandlungssituation bringt man nicht alle Kriterien, gibt nicht alle Kriterien preis. Man hat z. B. als Anthroposoph gewisse Kriterien, die man den anderen gar nicht sagen kann, weil sie sie nicht verstehen. Wenn man als Anthroposoph z. B. mit der medizinischen Behörde verhandelt, dann versuchen wir so zu verhandeln, daß unsere Weleda-Mittel verkäuflich sind und verschrieben werden können, aber wir können doch den anderen nicht das Letzte über unsere ätherischen Bildekräfte auf den Tisch legen. Wir können doch ihnen nicht sagen: „Ihre Heilmittel, die Sie verkaufen, sind ohne Ätherleib und sie sind von ahrimanischen Kräften durchsetzt. — Aber wir versuchen, den Ätherleib mit zu berücksichtigen." — Das wäre eine Torheit, weil die Leute die Sache doch nicht verstehen würden. Da wird man also gezwungen, in eine Verhandlungssituation zu kommen.

Und man wird auch wohl mal gezwungen, in eine Streitsituation zu kommen. Da muß man auch die Technik des Streitens, des Kämpfens verstehen. Das Leben ist nun einmal so, nicht wahr? Nun kann ich Ihnen einen kleinen Hinweis geben für die Technik des Kampfes, wenn Sie die einmal nötig haben: Dann müssen Sie alle Dinge, die ich Ihnen gesagt habe, um 180 Grad umdrehen. Das bedeutet: Sie sorgen dafür, daß keine Gruppe zustandekommt. Sie sorgen dafür, daß schon bei der Informationsphase die größtmögliche Verwirrung entsteht. — Das machen Sie nicht? Passen Sie auf, Sie benutzen diese Dinge mehr, als Sie selber glauben! — Sie können dies tun, indem Sie z. B. gewisse Dinge zurückhalten, Sie können aber auch bewußt falsche Informationen hineinschicken. Sie können sagen: Das und jenes ist so und so — das stimmt nicht, das wissen Sie —, aber damit bringen Sie die anderen auf die Fehlspur. Man stellt ganz absurde Kriterien auf. Man beginnt, schon sofort wenn die Gruppe zusammenkommt, zu sagen: ,,Ich habe eine Lösung — das machen wir so und so!" Die meisten fallen darauf rein und sagen: ,,Nein, das stimmt nicht!" Dann läßt man zwei eine lange Zeit kämpfen, und wenn die dann müde sind, dann sagt man: ,,Ich habe einen Versöhnungsvorschlag!" Und die anderen sagen: ,,Gott sei Dank, ja, das ist es!" — Die Russen sind darin Meister. Die östlichen Menschen haben eine hohe Kunst aus dieser Art der Verhandlung gemacht. Das sind dann aber Streitsituationen und keine Verhandlung. Ich habe von Freunden gehört, die auch unterhandeln mußten — es ging über künstlerische Dinge, um Austausch von Künstlern, Theatern usw. Sie sind nach Rußland gefahren mit diesem Austauschauftrag. Sie haben gemerkt, daß die Russen eine ganz einfache Sache drei Tage und drei Nächte ausdehnen, auch wenn sie nichts dabei zustandebekommen. Denn bei denen ist diese Kunst ein wirkliches Vergnügen! Wer überhaupt in Asien geboren und aufgewachsen ist — dadurch kenne ich diese Dinge eben. Für den Asiaten ist das Verhandeln eine soziale Umgangsform. Das fängt im nahen Orient an. Ich war einmal in Damaskus, da bin ich in einen Bazar hineingegangen und wollte einen kleinen Teppich kaufen. Der Händler fragt, man beschaut den Teppich richtig, setzt sich hin — man kriegt eine Tasse türkischen Kaffee geholt, die muß man trinken, er fragt nach Frau und Kindern und erzählt, daß er selbst zwölf Kinder habe — schließlich kommt man auf den Teppich. ,,Schau mal — 12 000 Piaster!" ,,Was, 12 000?? 300!" ,,Meine arme Frau und Kinder —" da fängt er wieder an: ,,Ich mache es Ihnen günstig — ich bitte nur um 10000!" ,,Höchstens 400!" Dann kriegt man ihn für 600 und hat noch immer 300 zuviel bezahlt! Wenn man wegläuft: ,,Ich kauf ihn nicht" — gleich holt er einen zurück: ,,Noch eine Tasse Kaffee?" ... Ich habe als kleiner Knabe einmal erlebt, daß unsere Bediensteten ganz empört waren. Da war ein Schiff auf die Reede gekommen mit Amerikanern. Die waren auf den Markt gekommen. Man hat da ganz einfache Fächer, die Javaner kochen auf Holzkohlenfeuern, die sie mit einem Fächer anfächeln. Das sind ganz einfache Dinger, die kosten 2 1/2 Cent pro Stück – aus einfachem Bambus gemacht. Die Amerikaner haben die gesehen und haben gefragt: „Was kostet das?" Der Mann hat gesagt: „2,50 Gulden." Sie haben das Geld hingelegt und haben die Fächer mitgenommen. Daraufhin war der Händler wirklich beleidigt. Er sagte nicht: „Ich habe einen guten Tag gehabt" – er war beleidigt. Beleidigt, daß man so etwas tut – denn das ist doch eine Barbarei! Man geht nicht ein auf ein Spiel – ein Verkauf ist eine soziale Angelegenheit, wofür man sich eben Zeit nimmt, was mit einer gewissen Eleganz auch zusammenhängt. Sehen Sie, das sind alles Dinge, die zu diesem ganzen Zwischenmenschlichen gehören.

Sie müssen, wenn Sie dieses Bild vor Augen haben: Überlegen – Verhandeln – Streiten, sich z. B. innerhalb einer Lehrerbesprechung fragen: „Wo stehen wir? Auf dieser oder auf jener Seite?" Für sich eine kleine Diagnose machen, eine Zwischendiagnose. Was kann ich tun, daß es wirklich in diese Richtung geht? Wie kann mein Beitrag so sein, daß die Gruppe wieder gesäubert wird? Daß die Sache wieder in das Gebiet hinein geht, das wir eigentlich alle wollen – was wir aber noch nicht können.

Nun, das ist eine Sache, die ich bringen wollte – die, glaube ich, über Wege des Undankes geht, denn viele, meist auch junge Menschen, sind sehr auf das Absolute eingestellt und sagen dann, wenn es nicht ganz so ist, wie es gelernt worden ist: „Sie haben doch gesagt, wir müssen überlegen und die vier Schritte machen – aber hören Sie, in der letzten Lehrerkonferenz haben wir das wieder falsch gemacht!" – Damit kommen wir nicht weiter. Wir müssen wissen, daß im Leben man immer in der Mitte anfängt und wir uns bemühen, nach dieser Richtung zu gehen, nicht nach der anderen. Aber manchmal zwingt das Leben uns auch, sich in dieser Hälfte (des Streitens) zu bewegen, obgleich wir es vielleicht gar nicht wollen. Man kann das dann auswerten, man kann darüber sprechen – das nächste Mal machen wir es besser. Das ist eines.

Das andere ist etwas, womit wir vielleicht morgen fortfahren können, weil ich es heute nicht fertigbekomme; das sind die Probleme, die auftreten, wenn ein Institut größer wird. Sehen Sie, die Formen der Zusammenarbeit haben auch gewisse Gesetzmäßigkeiten. Wenn ein Same anfängt zu keimen, kommen die Keimblätter. Das ist ein Stadium des Wachstums. Dann kommt ein kleines Stengelchen, und dann fangen die Blätter an, sich zu entfalten. Nun nach einer Zeit erst fangen die Blumen an zu blühen und noch viel später kommen die Früchte. – Und so muß man sagen: Wenn eine neue Gemeinschaft gegründet wird, eine neue Arbeitsgemeinschaft, dann entsteht erst eine Form, die man mit der Keimblattform vergleichen kann. Vor allen Dingen sind die Keimblätter immer viel einfacher als die eigentlichen Blätter. – Wenn man durch einen Buchenwald im Frühjahr geht und die Buchenkeimlinge kommen da als zwei größere grüne Blätter, die so rundum stehen – dann kann man glauben, es sei eine Anemone, man kann sie kaum erkennen. Und so ist es bei der ersten Gründerform der Gesellschaft. Gründerform ist eine Form, die ganz gewisse Eigenschaften hat. Erstens: die Gründung erfolgt immer dadurch, daß ein oder zwei oder eine kleine Anzahl Menschen einen Entschluß faßt, alleine oder zusammen in der Welt etwas zu gründen. Das sind die Menschen mit primärem Willen, die wollen es. Dann kommen andere hinzu, die wollen mitmachen, das sind die Menschen mit dem sekundären Willen. Die haben gehört davon und sagen: ,,Wir hören, es entsteht ein neues Institut – kann ich mitmachen?'' Nun, es ist schon eine andere Situation, ob man zu der ursprünglichen Initiative gehört oder nicht. Das bedeutet nicht, daß das immer so bleibt, aber wenn man als Hinzukommender zu einer bestehenden Initiative kommt, dann heißt das doch, daß man sich in einen gewissen Stil des Mitarbeitertums begibt. In dieser primären Zeit ist es meistens so, daß die Menschen mit dem primären Willen schaffen durch ihre Willenskraft, manchmal auch durch ihre Ausbildung, durch ihre Initiative, durch die Fähigkeit, die sie haben und durch ihre sozialen Verbindungen. Dadurch entsteht aus sich heraus eine autokratische Führung. Es ist damit die Gründerorganisation die soziale Form, die mit der Empfindungsseele zusammenhängt. Wenn man die Sache studieren will, dann muß man die ägyptische Kultur studieren, wo einer an der Spitze steht und dann die Pyramide nach unten sich erstreckt. Eine Spitze mit einem Menschen und dann mit einigen wenigen Zwischenstufen eine Riesenmenge des Volkes, das aber von diesem einen geführt wird, indem man einfach zu ihm hinaufschaut. Das war noch das charismatische Element, was darin lebt. – Und das ist gesund. Wenn eine Gruppe von Menschen ein Institut macht, und es kommen noch einige dazu, dann kann in gesunder Weise ein autokratisches Führen in der ersten Phase dasein. Weil einfach, wenn Schwierigkeiten kommen, sie allesamt auf den einen sehen und fragen: ,,Was machen wir jetzt?'' – ,,Nur keine Not, wir schaffen es schon! Ich gehe zum Bürgermeister, gehe zu dem, gehe zu jenem.'' Er kommt zurück, sagt: ,,Ja – es ist geschafft. Wir kriegen das und jenes, wir kriegen die Genehmigung.'' – ,,Gott sei Dank'', sagt die Gruppe, ,,wir können ja wieder ruhig arbeiten.'' Man überläßt es ihm – oder ihr –, es ist manchmal auch eine Sie, nicht wahr!

Die Initiativkraft in der Gründerzeit schafft zwei Schichten, aber es ist eine sehr flache Organisation. Gründer und Mitarbeiter stehen sich so nah, daß man sagen muß: Einerseits ist der Unterschied da, andererseits begegnet man sich so auf allen Gebieten und alle Dinge werden so einfach auf menschlicher Basis besprochen, daß der andere es gar nicht erlebt, daß er unterstellt ist. Er erlebt sich einfach als einer, der in einer Gruppe arbeitet, wo er einfach deligiert sozusagen gewisse Dinge, die mit der Außenwelt zusammenhängen, an einen, der das schafft. Wenn der Gründer Prestige hat und man ihm gerne das anvertraut, damit man ruhig arbeiten kann — dann ist das eine gesunde Situation. Wenn er aber kein Prestige hat und trotzdem versucht, autokratisch zu führen, ist er ein Diktator. Dann wird es unerträglich im selben Moment. Deshalb ist das eine ganz prekäre Situation.

Diese Gründerzeit kann wunderschön sein. Da kann eine Gruppe von Menschen voll Enthusiasmus zusammenarbeiten, es gibt kaum eine Arbeitsteilung, alles geht mit Improvisation. Man improvisiert jeden Tag alles, springt ein. Ich entsinne mich noch an die ersten Jahre des „Zonnehuis", 1931, 34, wo ich selbst die Buchführung gemacht habe, ich war auch der Hausmeister, der einzige, der das konnte, habe alle Lampen selbst aufgehängt, habe die Böden gestrichen. Man hat die Heizung geheizt und dann hat man sich schnell die Hände gewaschen und hat Sprechstunde gehalten — auch noch! Denn ich habe damals acht Jahre lang eine Hauspraxis gemacht, damit wir das fehlende Geld des Institutes verdienen konnten. Dann erlebt man, was diese schöne Zeit bedeutet — es sind noch einige Mitarbeiter aus der Erstzeit bei uns, und wenn wir uns begegnen: „Ach wissen Sie noch aus dieser Zeit, wie schön das damals war, als wir abends in der Küche zusammensaßen und Brote rösteten und Äpfel. Wir haben alle so schön zusammengesessen und Sie haben uns die schönen Geschichten erzählt." — Das war eine Wärme — die Wärme ist da —, und die menschliche Nähe überbrückt das Primäre und Sekundäre im Willen. Ich bin immer noch entzückt über diese Gründerzeit!

Viele junge Menschen, die herankommen, sagen: Ich will nicht in einem alten Institut arbeiten, ich möchte mit einigen Menschen ein neues gründen —, sie wollen diese Pionierzeit haben, weil die Gründungsform die Empfindungsseelenform einer Organisation ist und sie selbst in der Empfindungsseelenzeit sind. Sie erleben: Das ist die Form der Organisation, wo wir unsere Empfindungsseele ganz ausarbeiten können. Wo man diese Wärme austauscht hin und her, sich auch mal tüchtig zankt und sich auch wieder versöhnt — das ist doch wunderbar, nicht wahr! Das ist doch die Empfindungsseele, himmelhochjauchzend, zu Tode betrübt, die man dann zusammen durchmacht! Die schwierigen Dinge, aber auch die lustigen und die fröhlichen, die man da durchmacht — komische Sachen, die man zusammen erlebt und die dann wie eine Sage durch spätere Zeiten hindurchgehen — „Sagen aus der Gründerzeit!", nicht wahr! Sehen Sie, das ist Empfindungsseelenzeit. Und die ist wunderbar, aber die kann nicht ewig existieren. Das ist eben das Schwierige. Weil, wenn man sich dazu entschließen würde, diesen Gründerstil festzuhalten, erstens man nicht über eine gewisse Größe hinausgehen kann. Denn die richtige Gründerorganisation, Pionierorganisation, die funktioniert solange, wie ein jeder jedem begegnet. Wenn das Institut schon so groß geworden ist, daß man jemanden 14 Tage überhaupt nicht sieht — dann entstehen Löcher, dann wird die Sache immer dünner, und dann entsteht das Gefühl der Verlassenheit. Es ergibt sich auch, daß beim Größerwerden nicht jeder für jeden einspringen kann. Bei uns war es z. B. in den ersten zwei Jahren so, daß wir alle sechs Wochen Küchendienst hatten, sechs Wochen bei den Kindern, sechs Wochen im Haus. Es haben alle sechs Wochen alle gewechselt. Einmal wurde sechs Wochen gut gekocht, dann wieder sechs Wochen schlecht, aber trotzdem war es eine schöne Sache, denn jeder wußte, was das bedeutet. Und wenn man sechs Wochen gekocht hatte, hat man weniger auf den anderen geschimpft. Mit 15, vielleicht mit 20 Mitarbeitern geht es noch gerade — aber dann ist schon eine Grenze erreicht. Dann wird die Sache so groß, daß man das von selbst in ein anderes Gleis bringt. Es ist dann nicht mehr möglich, füreinander einzuspringen, ohne ein Wort zu sagen, denn man weiß nicht mehr, wo es dem anderen fehlt, wo man einsetzen sollte.

Deshalb entsteht dann nach einer Anzahl von Jahren eine zweite Organisationsform, das ist dann die Verstandesseelenorganisationsform, die nennen wir auch die Organisationsphase. Da wird Organisation ausgearbeitet nach Verstandesseelenprinzipien. Da entsteht die Arbeitsteilung — denken Sie bitte auch an die sozialen Vorträge von Dr. Steiner, in denen er gesagt hat: „Die Entwicklung der sozialen Gemeinschaft geht über Arbeitsteilung, und nicht mehr über Alles-Zusammentun." Das ist ein altes Prinzip — obwohl es immer weiter reicht bis zu dem Moment, wenn man etwas Neues anfängt. Es ist eine Gnade, daß man so durch eine alte Zeit nochmal hindurchgehen kann, daß man noch einmal jung sein kann zusammen in der Gemeinschaft — aber dann kommen doch die Jahre der Pubertät, wo der Verstand kommt und nun die Sache anders organisiert. Da kommt die Arbeitsteilung, da kommt die Hierarchie, es entsteht eine Arbeitsteilung. Zu Anfang ist das gar nicht so schlimm, denn dann ist noch der Glanz der Gründerzeit da. Aber wenn diese Organisationsphase etwas länger dauert — zehn Jahre z. B. —, dann kommt als Negatives der Verstandesseele die Entfremdung. Dann kommt, daß die Menschen erfahren: Ich habe nur mein eigenes Gebiet. Ich bin nur in dieser Kindergartenabteilung eingeschlossen, und ich weiß überhaupt nicht mehr, was dort sich abspielt — der andere Teil ist für mich fremd. Ich gehe da auf Besuch, aber ich gehe als Fremder auf Besuch! Und manchmal geht man gar nicht mehr auf Besuch. Es entstehen die Inseln. Die Inseln, wo z. B. die Leute, die mit der Finanz- oder Büroarbeit zu tun haben, eigentlich aus der Gemeinschaft ausgeschlossen sind, mehr oder weniger. Oder wo z. B. die Lehrer sich stärker zusammentun in ihrer Arbeit oder die Eurythmie mit der Musik zusammengeht oder — sagen wir — das Ärztliche sich abgeschieden fühlt. Es entstehen jetzt auch die Spannungen zwischen Ärzte- und Lehrergruppe. Spannungen zwischen Lehrer- und Versorgungsgruppe. Spannungen, die einfach aus den Tatsachen herauskommen, daß es verschiedene Verantwortungen gibt, für die jeder dastehen möchte. An sich sind diese Spannungen etwas Positives, denn sie bedeuten, daß man für seine Sache einstehen möchte. Aber man hat nicht mehr die Möglichkeit, seine eigene Arbeit einzuordnen in ein vernünftiges Ganzes, denn das Ganze ist nicht mehr sichtbar. Sichtbar ist nur der eigene Teil. Und wir sprechen von kleinen, funktionellen Herzogtümern, die da entstehen. Da ist eine Stationsschwester mit ihrer Schar, die hat ein Reich für sich aufgebaut. Da muß man dreimal klopfen, wenn man da hineingehen will, dann muß man sich dreimal verbeugen oder so etwas — und dann wird man gnädigst hereingelassen.

Sehen Sie, solche Dinge entstehen dann — man muß wissen, das ist eine objektive Tatsache, das ist überall so. Das hängt nicht mit dem bösen Willen der Menschen zusammen — das muß man objektivieren. Das ist objektiv so durch die Arbeitsteilung in funktionelle Gebiete, dadurch entstehen solche Funktionsspannungen. Deshalb kann die Verstandesseelenorganisation, wenn sie gut durchgeführt wird, zu einer eisernen Disziplin werden, zu einer ganz formalen Organisation, wo alle Dinge abgefertigt werden an Ort und Stelle, nach einer gewissen Prozedur. Das ist das bürokratische Führertum, das Weber entdeckt hat.

Das bürokratische Führen geschieht immer innerhalb einer Hierarchie. Man hat eine feste Position und eine feste Verantwortung. Ich führe eine Sache — und keiner spricht mir darein. Das mache ich Kraft meiner Verantwortung als Vorstand. Das ist eine funktionelle Sache, und da kommt ein Bürokratisches hinein. Die Stationsschwester würde sehr erstaunt sein, wenn man ihre Art der Führung eine bürokratische nennen würde, denn sie glaubt, daß sie das gerade nicht bürokratisch macht — sie ist wie eine Gluckhenne mit ihren Küken und sagt: „Das mache ich doch ganz mit Sorge." Nein — trotzdem ist es bürokratisch, weil sie eine ganz bestimmte Funktion einnimmt und diese auf sich bezieht und es ausführt auf eigene Verantwortung. Im bürokratischen Führertum ist die Verantwortung gestuft, jeder hat ein Gebiet, wo er zuständig ist — und dann auch die Verantwortung dafür hat. Nun, wir müssen durch diese Arbeitsteilung hindurch. Die ist aber nicht das letzte. Jetzt kommt eigentlich die Frage nach der 3. Phase — der Integrationsphase —, wie schaut die in den Instituten aus? Ich kann Ihnen sagen — ein Teil unserer Institute sind späte Gründerorganisationen. Wir sprechen manchmal auch von überreifen Gründerorganisationen. Und wenn eine Frucht überreif ist, dann kommen Stellen hinein, wo die Sache anfängt zu faulen. Es sind Stellen da, die nicht mehr durchorganisiert sind. Das ist eine Tatsache, die müssen wir beachten. — In der pädagogischen Situation ist man immer in der Gründungssituation drin. Denn in der pädagogischen Situation hat der Erwachsene dieses Hierarchisch-Autokratische gegenüber den Kindern auf der einen Seite, und auf der anderen Seite improvisiert man. Denn die Kinder stellen einen immer vor Überraschungen. Auch wenn man einen Teil der Erziehung durchzuführen versucht nach gewissen Richtlinien: erst Waschtücher aufhängen und dann Schuhe putzen. Die Kinder überrennen immer diese Richtlinien, und man muß immer improvisieren.

Deshalb sind Pädagogen und Gruppenleiterinnen immer angelegt auf diesen Stil des Arbeitens. Sie hassen eigentlich die zweite Phase, die Arbeitsteilungsphase, die durchorganisiert ist nach gewissen Regeln und Ordnungen, weil sie sagen: Das ist antipädagogisch. Sie haben da recht, es ist auch antipädagogisch. Denn in der konkreten Situation mit Kindern kommt es immer zu Überraschungen, muß man immer improvisieren. Und meistens ist ihnen das Improvisieren so in Fleisch und Blut übergegangen, daß sie in der Erwachsensituation sich davon nicht lösen können. Deshalb ist es in Schulen und Heilpädagogischen Instituten so schwer. Es gibt keine schwereren Organisationen als Schulen und Heilpädagogische Institute, überhaupt alles, was mit Pädagogik zu tun hat. Jede Klasse ist eine kleine Pionierorganisation: mit direktem Kontakt, mit dem deutlichen Unterschied zwischen Lehrern und Gruppenleitern und Kindern — und mit dem Improvisieren durch den ganzen Tag. In Krankenhäusern ist es genau dasselbe; deshalb ist in Krankenhäusern die Organisation so schwer, weil dort auch die Oberin den ganzen Tag improvisieren muß. Kaum hat sie die ganze Abteilung organisiert, kommt eine Notaufnahme — wieder werden Patienten umgelegt, ein Zimmer freigemacht usw. Sie rennt den ganzen Tag hinter den Dingen her. Und es ist ungeheuer schwierig, solchen

Menschen eine neue Form des Zusammenarbeitens zu lehren, weil diese Art des Regelns der Dinge aus dem Stegreif heraus für sie einfach eine Fähigkeit ist, wodurch sie die Arbeit tun können. Aber im Zusammenhang des ganzen Institutes oder der ganzen Schule oder des ganzen Krankenhauses wird das zu einer schwierigen Sache.

Und deshalb müssen wir sagen: „Wie schaut nun eigentlich diese dritte Phase aus, diese Integrationsphase?" Nun, da muß ich sagen, die kann nur da sein, wo schon etwas von Arbeitsteilung da ist. Man kann nicht von der Pionierphase sofort in die Integrationsphase hineinsteigen. Man kann die Verstandesseele nicht überschlagen. Man kann nicht von der Empfindungsseele sofort in die Bewußtseinsseele hineingehen. Man muß entweder den Weg über die Verstandesseele oder den Weg über die Gemütsseele gehen. Und es ist ungeheuer wichtig, was ich jetzt sage: Sie werden viele soziale Probleme verstehen, wenn Sie sehen, wie Menschen — eine Gruppe von Menschen — über die Verstandesseele in die Bewußtseinsseele hineingehen und eine andere Gruppe über die Gemütsseele. Das sind zwei Wege zur Bewußtseinsseele, die beide legitim sind und die beide zur Bewußtseinsseele führen, aber die, wenn sie in der Bewußtseinsseelensituation ankommen, ganz anders ausschauen. Und die muß man auch wieder erkennen können. Man muß wissen, daß der Gemütsseelenweg zur Bewußtseinsseele auch ein Weg ist. Das ist gerade wichtig, denn wir haben viele Mitarbeiter, die nicht über die Verstandesseele hineingehen in die Bewußtseinsseele, sondern über die Gemütsseele. Diejenigen, die über die Verstandesseele hineingehen, sind meist die Führenden, sind die Primären. Und manche, die über die Gemütsseele hineingehen, sind die Sekundären. Da bildet sich dann eine Differenz aus. Wenn Sie wollen, können wir vielleicht in den nächsten Tagen darauf eingehen — aber vielleicht versuchen Sie es selbst einmal auszuarbeiten in einem Gruppengespräch. Ich würde das anschauen: Kann ich die Phänomene erkennen in meiner Umgebung — kann ich damit Dinge verstehen und auch Schwierigkeiten verstehen, die Menschen haben, mit diesen Dingen zusammenzuarbeiten? Integrationsphase — so nennen wir die dritte Phase deshalb, weil man da wieder die arbeitsteilige Gemeinschaft zu einer Gemeinschaft machen muß. Dafür sind in unseren Instituten nun nicht alle Dinge notwendig, die man in einer größeren Betriebsorganisation macht — aber einige Grundlagen müssen in den Instituten schon da sein. Das erste ist, daß man deutlich die Verantwortungskreise zusammenstellt und da sich zur Gewohnheit macht, daß die verschiedenen Kreise wie Ketten ineinander gehen. Wenn hier ein Kreis ist, dann besteht ein zweiter Kreis auch aus einem oder zweien von denen, die in dieser ersten Gruppe sitzen, und eine nächste Gruppe wird wieder so aufgebaut, daß verschiedene Kreise entstehen, die nie ganz geschlossen funktionieren, denn einer von der anderen Gruppe ist immer dabei.

Ich meine, es wäre gut, daß man darauf achtet, daß jeder Mitarbeiter in mehr als nur in einer Gruppe sitzt. Und dieser ist die Schlüsselperson, er ist dafür zuständig, daß die Übermittlung an diese Gruppe zustandekommt über das, was von der ersten Gruppe beschlossen ist, was von ihr gewollt wird. Wenn darüber falsche Vorstellungen entstehen, kann er das korrigieren. Das bedeutet also, daß gewisse Niveaus da sind, ich habe jetzt drei Niveaus geschildert. Diese Niveaus sind keine hierarchischen Niveaus im Sinne der dritten nach-atlantischen Kultur, sind keine Hierarchien von oben nach unten. Es sind Vertrauenshierarchien.

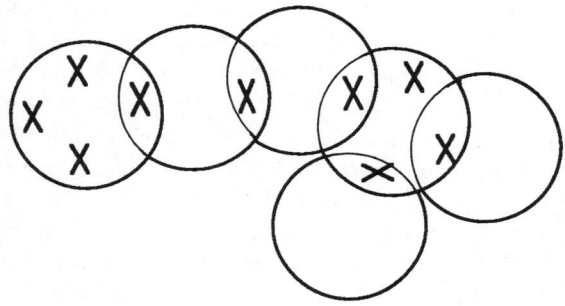

Es muß in einem größeren Institut ein Kreis da sein, der nicht zu groß sein darf, der die letzte Verantwortung hat. Der z. B. bei allen Dingen, die mit langfristiger Planung oder mit Ausnahme-Planungen zusammenhängen, endgültig nun ja oder nein sagt. Aber wie kommt dieses Ja oder Nein zustande? Das kommt dadurch zustande, daß z. B. der pädagogische Aspekt von den Lehrern schon vorbesprochen ist und einer von diesem Ausschuß in dieser Lehrerkonferenz dabei ist und weiß, was der Lehrergesichtspunkt gegenüber dieser Frage ist. Und was der ärztliche Gesichtspunkt gegenüber dieser Frage ist, was der Verwaltungsgesichtspunkt, was der Versorgungsgesichtspunkt ist. In manchen Instituten brauchen es nur zwei Niveaus zu sein; es kann so sein, daß diese Menschen, die in beiden Kreisen sind, dann Institutsleitung für die Außenwelt sind.

Die Außenwelt will immer wissen, wer hat die Leitung? Nun, diese nehmen das auf sich, diese Gruppe ist für die Außenwelt die Leitung. Sie hat also

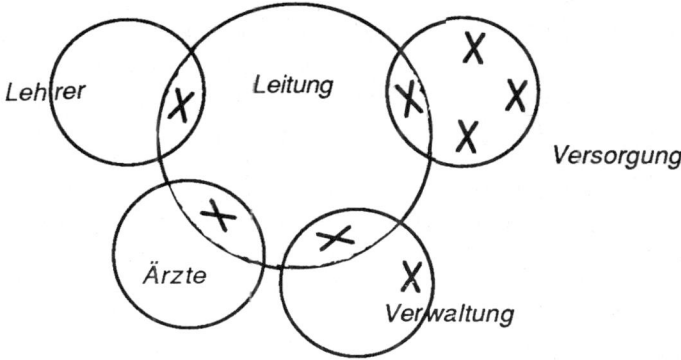

die Aufgabe, die Kontakte nach außen zu pflegen und deutlich ein Gesicht zu zeigen für die Außenwelt. Das kann in einem mittelgroßen Institut schon so gehandhabt werden. Wenn ein Institut z. B. nur einen Arzt hat, dann ist er seine eigene Gruppe. Dann vertritt er ein ganzes Gebiet, das ärztliche Gebiet allein. Eine schwere Situation. Wir sind im Zonnehuis froh, daß wir zu fünf Ärzten zusammen sind. Das braucht man auch bei 260 Kindern. Das ist schon ein Ärztekreis, der zusammen überlegt. Der Ärztekreis hat seine eigenen Zusammenkünfte, die Lehrer haben ihre eigene Arbeitsgruppe, die Betreuung, die Hauptschwestern in den verschiedenen Häusern mit den Betreuern — das ist auch eine eigene Gruppe. Aber immer sitzt bei uns einer aus dieser Gruppe in dem Ausschuß von etwa sieben Menschen, der nun das leitende, führende Gremium ist.

Aber wie ist er entstanden? Sehen Sie, in der ägyptischen, in der Empfindungsseelenzeit geht die Hierarchie von oben herunter. Einer steht an der Spitze, die andern unterstellen sich. Heute ist es so, daß die Leute, die oben stehen, anerkannt werden müssen. Es ist eine Anerkennungshierarchie, eine Hierarchie von unten nach oben. Es gibt z. B. eine Gruppe, in der reife ältere und jüngere Kindergruppenleiterinnen zusammen sind in einem Haus, eine davon sitzt wieder in einer Gruppe, wo nun die verschiedenen Häuser zusammenkommen im Hinblick auf die Betreuung. Und eine davon sitzt wieder in einem nächsten Kreis, oder auch zwei — das kann man frei handhaben, eine oder zwei —, damit man sich bewegen kann, sonst wird der Kreis zu groß. Und so kann man sehen, wie von unten herauf eine Hierarchie aufgebaut wird durch Abordnung, durch Anerkennung, daß man anerkennt, daß jemand diese

Funktion nach oben in eine allgemeinere Gruppe führt. Es geht nicht mehr um höher oder tiefer, es ist differenzierter oder allgemeiner. Denn derjenige oder diejenige, die hier steht, hat nicht weniger Verantwortung als derjenige, der dort steht – hat nur eine andere Verantwortung. Jeder trägt hundertprozentige Verantwortung für seine Arbeit – davon geht man aus.

Und damit ist eigentlich die Gleichheit der Menschen da. Das Zwischenmenschliche ist Gleichheit, und die Gleichheit ist eine Verantwortungsgleichheit. Jeder steht hundertprozentig für seine Aufgabe, nach seinen Möglichkeiten und seiner Begabung usw. Damit ist diejenige, die eine kleine Gruppe führt, nicht weniger als der Arzt, nicht wahr. Bis jetzt, bis vor einem halben Jahr, haben wir fast 40 Jahre lang durchführen können, daß auch in der Gehaltsführung der Mitarbeiter alle das gleiche verdienen. Ob er nun Arzt oder Küchengehilfe ist – wenn er Mitarbeiter ist, dann gehört er zu denen, die sagen: Ich will das Institut mit tragen. Man muß mindestens zwei Jahre mitarbeiten, dann kann man fragen: Darf ich Mitarbeiter werden? Dann entschließt sich der Mitarbeiterkreis, ob man ihn als Mitarbeiter aufnimmt. Wenn er aufgenommen wird, dann sinkt das Gehalt meistens. Denn die Nicht-Mitarbeiter werden nach in der Außenwelt üblichen Gehältern bezahlt. Die Mitarbeiter aber sagen: Wir tragen die Arbeit, dafür ist aber auch die ganze Gemeinschaft für mich und meine Familie verantwortlich. Ich habe ein kleineres Gehalt, weniger Geld –, aber ich habe auch das Leben in einer Gemeinschaft. Und viele setzen sich darüber hinweg. Wir haben das so eingerichtet – das war also vor vielen Jahren –, daß das immer ein Opfer war. Da herrscht dann innerhalb der Mitarbeiter die Gleichheit, und die Gleichheit ist dort, wo man dem anderen auf vollkommen gleicher Verantwortungsebene begegnet. Wenn ich nicht meine Pflicht vollständig tue, bin ich weniger als eine Kindergruppenleiterin, die ihre Kinderarbeit gut tut.

Das geistige Leben ist immer hierarchisch geordnet. Die alte Hierarchie geht von oben nach unten, der Pharao von Gottes Gnaden war derjenige, der die Inspiration herunterführte, er war das Tor zur geistigen Welt, nicht in seiner Person, aber durch ihn hindurch sprachen die Götter. Das Tor ist zu. Jetzt kommt es von unten herauf. Wir bitten den Menschen, ob er die Verantwortung auf sich nehmen möchte, die Gruppe zu vertreten, die den nächsten Kreis bildet, und schließlich auf sich zu nehmen mit Vieren oder Fünfen, die Verantwortung zu tragen, daß das Formprinzip im Institut nach außen hin sichtbar wird.

Wir sehen hier wieder Formtrieb, Spieltrieb, Stofftrieb – der Formtrieb, der in die Welt ragt, gibt dem Institut ein deutliches Gesicht. Die Außenwelt versteht unsere Sache nicht, wenn sie in einen Brei hineingreift. Sie kommt in ein Institut hinein und sie stellt Fragen — und niemand ist zuständig, niemand kann genaue Antwort geben. Das ist ungeheuer ärgerlich, damit verdirbt man sich die Sache. — Man muß sich an den oder jenen oder an die zwei wenden können, nicht wahr. Dieser Bescheid, das ist ihre Aufgabe! Es ist eine Aufgabenhierarchie, die mit dem Geistwillen zusammenhängt.

Und dasjenige, was dann die ganze Sache trägt, ist der Willenseinsatz. Da sind wir wirkliche Gemeinschaft, da sind wir die Gemeinschaft, die zusammen etwas will. Die im Wollen drinsteht und z. B. eine heilpädagogische Bewegung tragen will. Und sagt: Ob ich nun das eine oder das andere tue, das ist vollkommen nebensächlich. Ich bin bereit, das zu tun, was im Augenblick zu tun ist, weil ich mit dem, was ich auch tue, in dem Willensstrom darin stehe, der eigentlich die ganze Gruppe bewegt, der in der Kultur die heilpädagogische Bewegung bedeutet.

Ich glaube, ich muß jetzt aufhören. Wir wollen morgen noch darüber sprechen, wie man nun so eine Sache anfaßt. Wenn man erlebt, eine gewisse Form der Organisation ist schon längst überreif geworden, und man in eine nächste Stufe des Organisierens hineingehen will. Denn da werden auch Fehler gemacht — da will man plötzlich, von einem Tag auf den anderen, alles zugleich umgestalten. Und dann mißlingt es, und dann sagt man: Das ist ja absurd! Das muß auch wieder geübt sein, das ist auch wieder ein Stück sozialer Fähigkeit, moralische Technik, das ganz sauber Schritt für Schritt durchzuführen, zu sagen: Wenn wir das machen, sind wir in drei Jahren soweit. Nehmen wir uns ruhig drei Jahre dafür. Wir fangen dort an, dann nehmen wir uns das Nächste vor, und in drei Jahren sind wir soweit. — Wenn man das sauber tut, dann hat jeder seine Freude daran. Das wollen wir dann morgen besprechen.

Wege zur Integrationsphase
Vierter Vortrag vom 3. April 1970

Liebe Freunde, wenn wir heute über die Integrationsphase eines sozialen Organismus sprechen wollen, dann müssen wir uns zuerst über einige Dinge klar werden: Die schwierigsten Dinge im Sozialen entstehen daraus, daß jeder Mensch aus seinem eigenen Schicksalsweg heraus und durch ein ihm eigenes Gebiet sich in die Anthroposophie hineinlebt und daß er dann um eine neue Sprache ringt, die das von ihm Errungene ausdrücken soll, eine Seelensprache, die er sich bemüht, immer deutlicher und differenzierter zu machen. Auch die heutige Philosophie, das heutige Denken, das moderne Denken bildet sich solch eine Seelensprache, wodurch sich der Mensch in die Wirklichkeit einleben will. Es sind im wesentlichen zwei Wege, die in die Wirklichkeit, in die irdische Gestaltung führen. Der eine ist der Weg durch die Klarheit des Denkens, das Bemühen, die Dinge klarer, deutlicher, verantwortlicher zu durchschauen und damit zu leben; ein anderer Weg ist der, daß der Mensch hineingreift in die Wirklichkeit der Welt mit dem Willen, daß er gründet und schafft und wirkt. Man erlebt es oft, daß Menschen in der Außenwelt eine ungeheure Wirkenskraft haben. Wir haben z. B. in den Schulungsgruppen des NPI Direktorenkonferenzen, die Direktoren zusammenfassen, die für 2 000 bis 20 000 Menschen verantwortlich sind — und wenn ich vor ihnen stehe, dann denke ich immer: Was bin ich, daß ich das Recht habe, ihnen etwas zu erzählen. — Man empfindet es wie ein Rätsel, daß sie so etwas wie eine gewisse Weisheit im Willen haben. Rudolf Steiner hat in einem persönlichen Gespräch gesagt, daß solche Menschen so vom Willen aus leben und solche Wirksamkeit entfalten können, weil sie aus alten Einweihungsimpulsen heraus wirken. Sie waren vor allem in den späteren Mysterien der letzten vorchristlichen Zeit, die im Abflauen waren, aber immer noch große Weisheit trugen. Sie waren luziferisch geworden, weil sie eigentlich nur noch im Traditionellen wurzelten, aber es konnten doch noch ungeheure Weisheiten aufgenommen werden. Und nun müssen diese Menschen, die diese luziferischen Weisheiten damals in sich aufgenommen haben, jetzt eine Inkarnation durchmachen, die sie in die Welt hineinträgt, in der das Ahrimanische stark ist, damit sie zu einem karmischen Ausgleich kommen. Da trifft sich individuelles Schicksal mit dem objektiven Menschheitskarma. Man sieht bei diesen Menschen die Weisheit im Willen leben. Manchmal tritt in unseren NPI-Kursen die eigenartige Situation ein, daß, wenn irgendwelche Wahrheiten gesagt werden, im Aussprechen dieser Wahrheiten die Augen beginnen aufzuleuchten. Der Kopf kann diese Gedanken nicht erfassen — sowie aber Gedanken ausgesprochen werden, die in den Willen hinein können, wirken sie erlösend. Es ist wie das Aufleuchten einer Erinnerung der alten Weisheit. — So haben wir auf der einen Seite den Weg des geistig ringenden Menschen und auf der anderen Seite des sozial wirkenden Menschen in die irdische Gestaltung hinein.

Es gibt dazwischen noch einen weiteren Weg, den Weg der Mitte. Dieser Weg der Mitte ist der Weg der Seelenerkenntnis, er ist auch der Weg durch das Künstlerische. Jeder dieser drei Eigenwege hat die Tendenz, seine eigene Sprache zu entwickeln. —

Das Seelische ist eigentlich immer ungreifbar und immer in Verwandlung — man kann es nicht festlegen. Der Mensch, der im Seelischen zu Hause ist, der Anthroposoph, der die seelische Vertiefung sucht, für den ist jede Fixierung eines Begriffes ein Schmerz. Er empfindet ungeheuren Schmerz, wenn er mit mehr philosophisch eingestellten Anthroposophen zusammenkommt und ihre Sprache hört — er kann bei diesen philosophisch klugen Formulierungen eigentlich gar nicht mitreden. Der Philosoph will Irrtum und Wahrheit unterscheiden — aber im Seelischen ist alles ein Phänomen, und alles kann ein Ausgangspunkt für neue Situationen sein. Im Seelischen hat alles seine Berechtigung. Man muß sich einstellen, wie man es in der Psychologie oder in der Psychiatrie auch tut, wo man fragt: Was geht in dieser Menschenseele um, welcher Prozeß ist auf dem Wege, sich zu bilden? Die seelische Gesundheit und Krankheit, die seelischen Eigenarten — alles ist berechtigt. Jeder Moment ist ein Durchgangsmoment, wenn man ihn anschaut, ohne ihn zu bewerten. Die Zurückhaltung über die Beurteilung muß der Seelenarzt üben, es gibt für ihn nicht etwas, was richtig oder falsch ist, sondern nur: Wie hilft man dem Menschen, der dieses Schicksal hat, das ein berechtigtes ist. Vielleicht ist es ein krankhafter Prozeß, aber er ist notwendig. Erst durch diese Einstellung wird Heilung möglich. Es entsteht ein anderes Gefühl für Wahrheit und Irrtum. Es gibt im Seelischen keine Sackgasse, immer geht es weiter zu neuen, vollberechtigten Situationen für diesen Menschen. Das muß man verstehen, wenn man im Sozialen heilend wirken will.

Alle Seelen und ihre Wege sind in der ganzen Welt völlig einmalig. Der Geist geht durch den Tod in die geistige Welt zur neuen Geburt — er kommt wieder. Er ist wie ein Samenkorn, zu dem etwas hinzugefügt wird. Wir könnten uns vorstellen, daß ein Mensch als Kind stirbt und sich sehr schnell wieder inkarniert, so daß wir ihm noch zu unseren Lebzeiten wieder begegnen. Dann könnten wir ihn vielleicht als geistiges Wesen wiedererkennen, ihn als Geistgestalt wiedererkennen. Das Seelische aber ist unwiderruflich dahin, das er im früheren Leben als Kind hatte. Die Seele kommt nicht wieder zurück, sie ist ein Produkt des Zusammenspieles des Geistwesens mit dem Erblichkeitsstrom, das niemals vorher und nachher da war und niemals so in dieser Form wieder sein wird. Die Seele ist einmalig und inkarniert sich in dieser Form nicht wieder. Jeder Mensch ist absolut einmalig. Und diese Einmaligkeit der Seele ist nicht zu ergreifen. Man versteht darum, daß die Griechen die Seele einen Proteus genannt haben, der in ständiger Verwandlung und Umwandlung ist. Die Seele lebt auf der Grenze zwischen Ätherschicht und Astralschicht. Wenn man einen Elefanten sieht, ist der Ätherleib dabei, die Gestalt des Elefanten zu bilden. Der Ätherleib will das äußere Wesen umwandeln nach den Bildern, die es immer umgeben. Menschen, die mit Pferden umgehen, bekommen beinahe ein Pferdegesicht oder auch ein Eselsgesicht. — Dieser Einstellung gegenüber ist das philosophische Leben ganz entgegengesetzt. In der Philosophie muß genau definiert werden, sie ist eine vollberechtigte Aufgabe, im Denkerischen ist das richtig — aber im seelischen Sozialen kommt man damit nicht weiter, da ist es unmöglich, man vergewaltigt das Soziale. Das gibt dann Prinzipienreiterei — der Formtrieb wird über die lebendige Wirklichkeit gestellt.

Wenn wir nun zum Willensmäßigen weiterschreiten, dann ist die Beherzigung dieser Grundsätze auf dem Willenswege noch wichtiger. Es wird noch schlimmer, wenn man das Denkerische im Willensmäßigen zu verwirklichen sucht und dann vom Willen her in das Soziale eingreifen will — denn die Willensrichtungen stoßen am heftigsten zusammen. Auch hier muß man wissen, daß vom Seelischen aus jeder voll berechtigt ist und in jedes Menschen Schicksal Berechtigtes ist. Man muß lernen, im Zusammenwirken Wege zu finden, die verschiedenen Willensrichtungen für einen gemeinsamen Weg zusammenzubringen. Auf der anderen Seite muß man in die Gedanken und Vorstellungen Klarheit bringen, muß die Urteile so auflösen und auflockern, daß sie im Sozialen nicht stören. Das war ja auch der Schmerzensweg der anthroposophischen Gesellschaft, daß es auf der einen Seite Schwierigkeiten gab der Prinzipien wegen — auf der anderen Seite Schwierigkeiten durch die verschiedenen Willensbildungen. Wir wollen aber im Grunde hier den Weg der Mitte beschreiben, den Weg des echten Sozialen, wo das Seelische sich bewegt. Die Mitte aber ist auch nichts Festes, man gerät auf dem Weg immer wieder in die verschiedenen Extreme — einmal zum Ziel hin, einmal zur Form —, Momente der Mitte sind selten. Es ist eigentlich nur eine Folge von Augenblicken, in denen die seelische Mitte hergestellt wird.

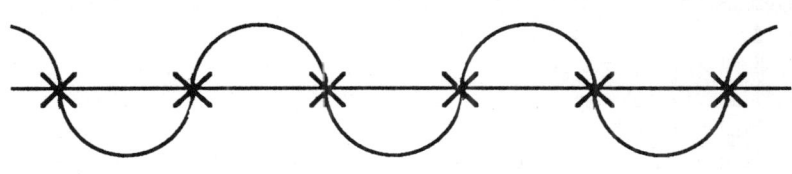

Im Seelischen gilt eine andere Beurteilung über richtig und falsch. Alle Willensrichtungen haben ihre Berechtigung. Ich gehe dahin – du gehst dahin. Unsere Wege gehen auseinander oder kommen wunderbar zusammen. Vom Seelischen aus ist jeder Mensch ein neues Wunder, ein neues Rätsel, eine vollberechtigte Tatsache. Wir urteilen nicht, wir heilen und helfen nur. Es kommt nicht darauf an, ob wir es richtig finden, sondern: Wie kommt dieser Mensch auf *seinem* Wege weiter? In voller Ehrfurcht vor dem anderen stehen! Dieses Prinzip gehört zu den Problemen der 3. Phase, also der Integrationsphase eines sozialen Organismus.

Die Gründung eines sozialen Organismus ist durch einen Gründer geschehen. Dadurch hat diese soziale Bildung *seine* Form bekommen, ist zunächst das Abbild der Seelenkonfiguration des Gründers. Ist er fest, dann ist die Gründung fest. Ist er schlotterig, dann ist die Gründung schlotterig. So ist es auch im kleinen innerhalb eines Institutes in der Einzelgruppe. Wenn man durch die Gruppen geht, dann kommt man in Zimmer, da sitzen alle Kinder um den Tisch und spielen friedlich. Alles ist aufgeräumt. Alle Handtücher und Zahnbürsten sind ausgerichtet. Eine nächste Situation: Alles liegt auf dem Boden herum, alles kriecht durcheinander, am Tisch sitzt die Betreuerin und strickt oder stopft, ruft ab und zu: Karl, heb das auf! – Komm zu mir und hilf mir ein bißchen! – aber da ist eine Wärme. Alles ist erfüllt von Wärme. Man hat dann den Eindruck, man müßte vielleicht sagen, ein bißchen mehr Ordnung sollte doch schon sein. So bestimmt also auch schon der Charakter der Betreuerin das Leben in der Kindergruppe. Das entspricht der Pionierphase. Die 2. Phase besteht dann darin, daß es zur Arbeitsdifferenzierung kommt, zum Regeln der Bereiche aus dem Sachlichen heraus. Das kann dann oft zu einer Kontroverse zwischen der persönlichen und sachlichen Gestaltung führen, wenn die alten Mitarbeiter, die die Pionierphase selbst erlebt und mit aufgebaut haben, sich nicht hineinfinden können in die veränderten Bedürfnisse des wachsenden Organismus. Der 1. Phase, der Pionierphase, ist zuzuordnen die Empfindungsseele, der 2. Phase, der Differenzierungs- oder Organisationsphase die Verstandesseele, und der 3. Phase, der Integrationsphase, ist zuzuordnen die Bewußtseinsseele. Die 3. Phase nun ist ein Versuch, den Weg der Mitte zu finden, so daß eine größere, reifere Organisation entsteht. Das ist nun ungeheuer schwierig, denn schon, wenn ich auch nur beschreibe, bin ich schon wieder in der 2. Phase – denn die 3. kann nur gelebt werden, sie ist real, aber nicht tastbar. Wenn ich versuche, dafür bestimmte Prinzipien festzulegen, bin ich schon wieder in die 2. Phase zurückgefallen. Man kann erst recht nicht zurück in die 1. Phase, aber manches muß doch aus den früheren Phasen herübergenommen werden. So muß aus der 1. Phase herübergenommen werden die Entfaltungsmöglichkeit der persönlichen Initiative. Wie baut man aber nun an dieser 3. Phase?

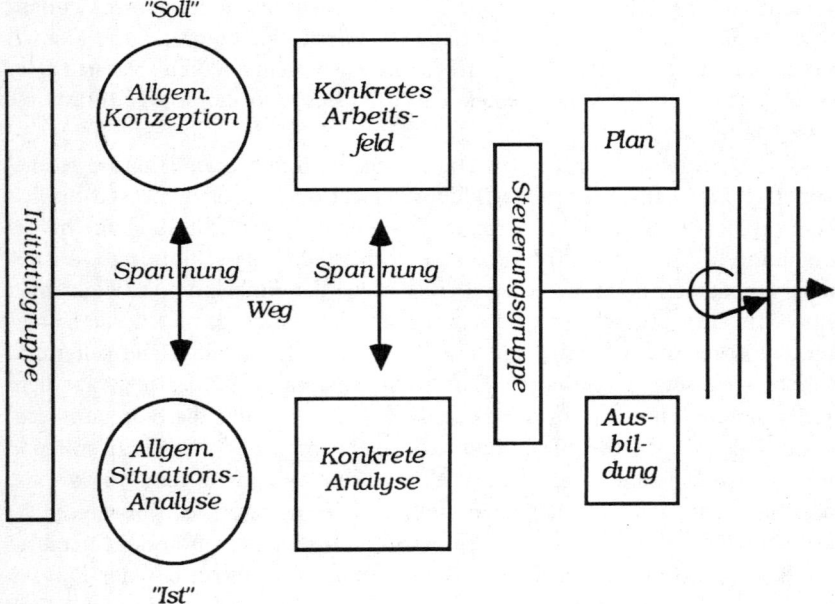

Das erste ist, daß man an den Anfang eine Initiativgruppe stellt. Diese muß einen Weg gehen, das ist dann der Weg der Initiativgruppe zum Ziel der integrierten Phase (siehe Zeichnung). Von dem, was werden soll, kann die Initiativgruppe eigentlich nur Vorstellungen haben. Wissen darf sie es nicht, sonst wird von vornherein alles festgelegt und tot. Wer genau weiß, wie alles werden soll, ist lebensgefährlich für die Gemeinschaft! Statt etwas Neues aufzubauen, würde nur ein neues Modell statt des alten eingeführt. Das entspricht aber wieder nur der 2. Phase. Es soll aber doch etwas qualitativ anderes entstehen, von dem man zu Beginn noch keine festen Vorstellungen haben kann. Nur eine Ahnung von dem Wege, den man gehen will, darf vorhanden sein. Alles muß neu werden, wir wollen uns hineinarbeiten, wir wollen — und das ist das erste, was die Initiativgruppe anstrebt — eine allgemeine, generelle Konzeption suchen. Worum geht es uns eigentlich? Es ist aber wichtig, daß zunächst alles im Allgemeinen bleibt. Das ist nicht leicht, es ist ein Weg der ständigen inneren Zurückhaltung. — Bevor man weitergeht, muß man eine Polarität schaffen, eine Situationsanalyse, die aber auch wieder nur im Allgemeinen bleiben soll. Die Probleme kommen zum Vorschein und werden umrissen — aber auch hier muß man sich herantasten. Nicht definieren, sondern tastend formen! Man kann das im Hinblick auf das eigene Institut tun: Wo stehen wir im ganzen? Wo sind unsere Reste aus der Pionierphase? Da haben sich doch gewisse heilige Gebräuche erhalten bis auf den heutigen Tag! Wie wird unsere Konferenz geführt? Wie steht es mit der Hausordnung, wie ist das Heim gestaltet, wie die Werkstätten, wie die medizinische Arbeit, die pflegerische Arbeit? In der Konferenz z. B. sind wir ein Stück weiter, auf anderen Gebieten noch viel weniger weit. Es entsteht so ein Spannungsfeld zwischen Ist und Soll — das kann so groß sein, daß es zerschmetternd wirkt. Im Grunde aber soll diese Spannung kreativ wirken, anregen zum Schaffen.

Nun, wie ist der nächste Schritt? Will man weitergehen auf diesem Wege, dann muß man sich zurückhalten. Wenn wir alles zugleich umändern wollen, kommen wir nicht zurecht. Man muß sich klar werden, auf welchem Gebiet wir das üben wollen, z. B. in der wöchentlichen Konferenz oder an der Hausordnung oder in der Stationspflege. Es wird gut sein — und das ist auch wieder ein Trick der sozialen Technik —, als erstes Übungsfeld ein Gebiet zu wählen, wo die Möglichkeiten günstig liegen. Denn das erste muß gelingen, sonst verliert man den Mut und die Möglichkeit weiterzugehen. Also nicht in das Schwierigste gehen, sondern üben am Leichten! Es ist das auch so bei einem Musikinstrument, wenn man darauf spielen lernt. — Hat man sich so ein konkretes Arbeitsgebiet ausgewählt, auf dem man zuerst die Umstellung beginnen will, dann gehört dazu wieder die konkrete Analyse dessen, was schon vorhanden ist. Z. B. im Hinblick auf die Konferenzen: Wie geschieht die Verantwortung? Was kommt heran an Problemen für die Konferenz? Wieder entsteht ein Spannungsfeld zwischen der konkreten Analyse und dem, was man als Arbeitsgebiet umzuwandeln bestrebt ist. — Wenn das NPI um Hilfestellungen gebeten wird in Organisationsfragen, dann greifen wir hier bei den konkreten Analysen an. —

Nun muß sich eine Steuerungsgruppe bilden, um das zu verwirklichen, was so erarbeitet worden ist. Die Steuerungsgruppe entwickelt dann einen Plan. Und da erhebt sich gleich die Frage: Können die Mitarbeiter das? Und wenn sie es nicht können: Ist eine Ausbildung möglich? Denn es kann durchaus sein, daß man dann für die neuen Aufgaben Menschen neu ausbilden muß, etwa Kinderpflegerinnen. Der Plan kann dann ablaufen. Aber man darf nicht vergessen, sich feste zeitliche Vorstellungen zu bilden. Wir arbeiten z.B. ein halbes Jahr, dann sehen wir zurück. Es muß eine erreichbare Zielsetzung vorgenommen werden, und danach wird dann eine Rückschau gehalten. Wo waren in der Planung Fehler? War die Ausbildung nicht genügend? Dann geht man wieder ein Stück weiter und kann so allmählich das endgültige Ziel erreichen.

Wenn es dann gelungen ist, ein einzelnes Arbeitsgebiet umzugestalten, dann kann das nächste drankommen. Das kann drei Jahre dauern, so daß man also erwarten kann, daß nach drei Jahren gewisse Gebiete anfangen, in einer anderen Art zu funktionieren. Man muß der Sache Zeit lassen, sich zu entwikkeln. Es ist ein Weg, bei dem man sich auf Jahre einrichten muß. Man muß sich klar sein, daß das eine Pionierarbeit ist. Wollen durch die Formen der Bewußtseinsseele, das ist Pionierarbeit. Das wird nicht immer gelingen, man darf zurückfallen. Es ist ein ständiges Bemühen nötig, nicht anders, als wenn man eine neue Sprache lernen will. Die festen Organisationslehren, die existieren, die existieren für die Verstandesseele. Da sind dicke Bücher geschrieben worden, in denen man das nachlesen kann. Für die Bewußtseinsseele muß alles immer lebendig bleiben. Man muß in der 3. Phase die eigentliche Sprache kennenlernen. Alles muß von der menschlichen Seele ausgehen — es geht um den Weg der Mitte. Der Weg ist das Wichtigste! Es kommt nicht darauf an, das Ziel zu erreichen, sondern einen Weg zu gehen — „Der Mensch lebt nicht, um am Ziel anzukommen, sondern um auf dem Wege zu leben." So ist es nicht so wichtig, angekommen zu sein, wichtig ist die Bemühung, auf dem Wege zu bleiben, so daß nichts in die Routine kommen kann. Denn dann ist man schon wieder in der 2. Phase, dann ist die Situation für die Bewußtseinsseele schon wieder vorbei. Wer immer strebend sich bemüht... Das Leben der Seele ist auf jedem Punkt real. – All unser Leben läuft ab mit den Erinnerungen und mit dem Ziel in die Zukunft. In der Zukunft muß es erreicht sein! Da erleben wir ständig Evolution.

Auch die Menschheit im großen lebt mit Zielen in die Zukunft. Ein solches Ziel für die heutige Menschheit ist das Jahr 2000. Überall kann man Bücher sehen über das Jahr 2000 – ein magisches Ziel für die äußere Welt! Mein Chauffeur hat mich einmal gefragt: Ich habe jetzt ein Buch gelesen, über das Jahr 2000, und ich habe den Eindruck, daß die Leute meinen, mit dem Jahr 2000 muß alles erreicht sein. Aber dahinter muß doch auch noch etwas zu tun übrig bleiben! – Der einzige, der ein Interesse daran hat, daß alles fertig ist mit dem Jahre 2000, ist Ahriman. Ahriman will das. Der weiß, daß, wenn die Menschheit dann noch geistig existiert, als strebende Menschheit, er seine Herrschaft verloren hat. – Wir verfallen dem Ahrimanischen, wenn wir fest umrissene Ziele setzen, und dem Luziferischen, wenn wir zu stark auf die Vergangenheit schauen. Es gibt da die Situationen, wo man sich sagt: Ach, weißt du noch, wie es früher gewesen ist – wie wir da in der Küche zusammengesessen haben und noch etwas gegessen haben und du hast so schöne Geschichten erzählt! Nun ja, man kann nicht immer auf dem Wege sein, man muß sich auch mal ausruhen! – Die 3. Phase kann immer nur ein Weg sein. Wir begegnen uns auf einem Weg, der Horizont weitet sich stets. Ankommen tun wir nie. Der Weg selbst ist die Realität.

Wir sind hier auf dieser Tagung nicht für die Institute, sondern wir sind hier, um uns persönlich zu begegnen, um uns als Menschen zu begegnen. Wir sollen hier erfahren, daß das, was wir seelisch erleben, das Menschsein, das Sich-als-Mensch-entwickeln, an jedem Punkte Realität ist, das volle Drinnenstehen im Jetzigen, das volle Bejahen des Jetzigen. Und wenn wir nun heimkommen, dann dürfen wir nicht gleich alles umkrempeln wollen, denn unsere Möglichkeiten für unsere Freiheit sind ja immer eingeengt. Es gibt so eine Art Freiheitswinkel, einen Bewegungswinkel.

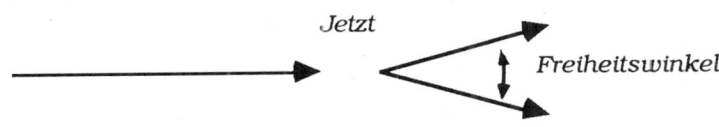

103

Jeder Mensch hat seinen eigenen Freiheitswinkel, Freiheitsraum, in dem er schwingen kann, in den er aber auch eingeengt ist. Das NPI kann den Weg zeichnen, aber den Sektor der Freiheit muß jeder selbst ausfüllen. Jeder muß den Weg selbst wollen zwischen der Vergangenheit und der Zukunft. Die Bewußtseinsseeele kann immer nur in der Aufeinanderfolge von Momenten leben. Der Weg kann zwar erlebbar gemacht werden, er muß dann aber doch selbst gegangen werden. Das Sein ist das Wesentliche der Bewußtseinsseele, nicht was man weiß, nicht was man will voneinander. Sie fühlen, wie ich anfange zu stammeln, weil es keine Worte mehr gibt für diese Erlebnisse der Bewußtseinsseele. Unsere Worte kommen aus der Empfindungs- und Verstandesseelensprache, im Speziellen aus der Sprache der Feudalzeit. Z. B. sind Worte wie ,,Macht" und ,,Aggression" gewonnen aus den Verhältnissen der Feudalzeit. Für die Dinge der Bewußtseinsseele müssen neue Worte geschaffen werden. — Goethe hat die deutsche Sprache erneuert, in Holland haben es Dichter der 80er Jahre getan — wir müssen uns behelfen mit alten Formen der Sprache und versuchen, das Neue hindurchzuhören, hineinzuhören. Das kann uns durch die Barbarei der heutigen Sprache hindurchführen.

Wenn man das Soziale in der Bewußtseinsseele mit irgendetwas vergleichen will, dann kann man das nur tun mit der Keimfähigkeit eines Samenkornes. Denn was ist Entwicklungswille? Das Zukünftige als Keimkraft wahrzunehmen — das Kommende im Sozialen zu empfinden, die neue Gemeinschaft im Bewußtseinsseelenzeitalter zu wollen.

Zwei Wege zur Bewußtseinsseele
Fragenbeantwortung vom 3. April 1970

Von der Verstandes- und Gemütsseele führen zwei Wege zur Bewußtseins-seele, der Weg durch die Verstandesseele und der Weg durch die Gemütsseele. Wir bitten, den Weg durch die Gemütsseele näher zu charakterisieren.

Den betreffenden Menschenkreis finden wir innerhalb unserer Heimsitua-tionen unter den sozusagen weniger intellektuellen Menschen, das sind also im wesentlichen die Kinderpflegerinnen. Ihr Weg ist der, der über die Wärme geht. Der Weg über die Verstandesseele, der also mehr von den intellektuell eingestellten Menschen gegangen wird, ist, wie wir uns erinnern werden, der über das Licht. Wir haben hier also auch wieder die Polarität von Wärme und Licht. Die Stärke der Menschen, die den Weg über die Gemütsseele gehen, ist die Treue. Sie sind diejenigen, die Pflegerinnen werden, die anderen, die mehr über die Verstandesseele gehen, werden Lehrer bzw. Lehrerinnen. Man be-trachte z. B. eine Mitarbeiterin, die ganz jung, mit etwa 19 Jahren, in ein Institut eingetreten ist. Sie hat dann zwanzig Jahre als Pflegerin gearbeitet und hat erst dann eine Unterrichtsgruppe übernommen. Sie hat aber sofort gesagt: Wenn ich auch Lehrer bin, in der Konferenz reden kann ich doch nicht, das darf man dann von mir nicht erwarten. Sie hat ihren Unterricht außerordentlich gut gestaltet, man hat bei ihr den Eindruck, daß sie sehr stark aus ihrer Mitte heraus lebt und unterrichtet. Sie ist dann im Zusammenleben nicht immer einfach gewesen, z. B. könnte so jemand bei der Beurteilung neuer Mitarbeiter oftmals sehr deutlich sein. Die neuen Menschen wurden sehr kräftig im guten oder schlechten Sinne eingeordnet. In der Konferenz saß sie tatsächlich stillschweigend da, aber ihr Schweigen war ein gutes ein wär-mendes Schweigen. – Die Kraft dieser Menschen liegt in ihrer absoluten Treue. Es kann einmal vorkommen, daß ein neuer Mensch ins Institut kommt, der große Schwierigkeiten bringt, und der nach einigen Monaten gelaufen kommt und fordert: Mit ihr kann man ja gar nicht zusammenarbeiten, sie muß gehen! Da muß man dann sagen: Nun, wenn jemand gehen muß, dann gehen Sie! Denn sie hat hier 25 Jahre in Treue gearbeitet, und wir werden sie nicht wegschicken!

Rudolf Steiner hat gesagt, daß die Blüte der Gemütsseelenkultur die Mystiker seien, die Blüte der Verstandesseelenkultur jedoch die Scholastiker. Wenn die beiden Möglichkeiten der Verstandes- und Gemütsseele in die Entartung geraten, dann entsteht aus der Verstandesseele der Intellektualismus und aus der Gemütsseele das Spießbürgertum. Die Menschen, die mehr die Verstandesseele in sich ausbilden, sind es, die die Kultur machen, die Bücher schreiben usw. Die Menschen der Gemütsseele aber sind es, die die eigentliche Arbeit tun. Die Gemütsseelenmenschen haben zur 2. Organisationsphase eines Institutes außerordentlich wenig Beziehung, alles Organisatorische, alles Bürokratische ist ihnen zuwider.

In unseren Kreisen gibt es offenbar bei gewissen Menschen geradezu eine Abneigung, das Soziale zu studieren. Sie haben die Meinung, daß man, wenn man das Soziale studiere, den Menschen unfrei mache. Tatsächlich aber findet man in der Philosophie der Freiheit ja nun wirklich diesen Abschnitt über die moralische Technik, in dem ausdrücklich ausgeführt wird, daß die moralische Technik eine Wissenschaft ist und damit wie jede andere Wissenschaft erlernbar. Die praktischen Übungen innerhalb der NPI-Kurse sollen ja auch der Beherrschung der moralischen Technik dienen. Bei ihnen ist das Wesentliche, daß man gleichzeitig ganz aktiv darin mitwirkt, zugleich aber auch Zuschauer ist. Das aber ist die Haltung der Bewußtseinsseele. – Innerhalb des Anthroposophischen ist der Weg dahin durch die Verstandesseele der weitaus schwierigere. Die Verstandesseele hat von sich aus immer die Tendenz, hochmütig zu werden, und sie hat weniger direkte Erlebnismöglichkeiten. Das sind dann die Leute, die alles gelesen haben und alles wissen. Es kann sein, daß diese Menschen zwanzig Jahre brauchen, um durchzudringen zu einer warmen Erlebnismöglichkeit des Geistigen. Andererseits benötigen auch die Menschen, die durch die Gemütsseele gehen, ihre zwanzig Jahre, ehe sie überhaupt in die Möglichkeit versetzt werden, etwas auszusagen. Der Treffpunkt dieser verschiedenen Seelenregungen ist bei Menschen, die in der Heilpädagogik stehen, die konkrete Kinderbesprechung. Die Gemütsseelenmenschen sind dann imstande, sehr treffende Beobachtungen und Bemerkungen zu machen, wenn sie auch einfacher Natur sind. Sie werden dabei voll der Bewußtseinsseele gerecht, in deren Wesen es ja liegt, Dinge anzuschauen und zu empfinden, was sich darin ausspricht. Es kann z. B. sein, daß man in der Kinderbesprechung bemüht ist, objektive Beobachtungen über ein Kind zusammenzutragen, objektive Vorstellungen zu schaffen. Da sagt der eine Beobachter: Das Kind hat einen zu schwachen Ätherleib, der Astralleib greift zu stark ein. Ein anderer Beobachter aber sagt: Haben Sie nicht gesehen, wie das Kind ein Blatt aufhebt, wie es da nie fest zupackt, sondern wie es mit seinen Fingern nur den Stengel nimmt und dann das Blatt gleich wieder wegwirft? Die zweite Art zu beobachten ist nicht weniger eine Bewußtseinsseelenobjektivität als die erste.

Ich kann Ihnen noch ein Beispiel sagen, ein selbsterlebtes, aus der ersten Zeit unserer NPI-Arbeit, was diese Haltung der Verstandesseele anbelangt. Da hatte ich einen Vortrag zu halten vor einer Gruppe von Meistern. Die Männer nahmen den Vortrag schweigend entgegen, saßen mit verschränkten Armen da, und als ich geendet hatte, sagte einer der Meister: Der Herr wird wohl recht haben! – Damit war ich durchgefallen! Ich hatte zu stark aus der Verstandesseele heraus gesprochen und damit über die Köpfe dieser Menschen hinweggeredet. Es gab, um nun auch das Gegenteil zu demonstrieren, in unserem NPI-Kreise einen Mitarbeiter, der nun leider verstorben ist, dessen Weggehen wir als eine sehr große Lücke empfinden, weil er in unserem Kreise die Gemütsseele darstellte. Ihm ist es widerfahren, daß er, als er einen Vortrag erst halb beendet hatte, von seinen Zuhörern gesagt bekam: Sie können jetzt in ihrem Kurse weiter fortfahren! Die Männer hatten den Eindruck, wir haben uns verstanden und es bedarf weiter keiner Worte. Solche Dinge und solche Möglichkeiten müssen aber natürlich Zeit haben zu reifen. Es hat etwa 15 Jahre gedauert, bis die Arbeit des NPI mit so viel Vertrauen von der Umwelt aufgenommen wurde, daß man nun allmählich auch künstlerische Betätigung in die Kurse aufnehmen kann. Seit kurzem wird auch bei NPI-Kursen gemalt, gezeichnet, musiziert und gesprochen. Es haben sich übrigens ganz allgemein die Zeiten gewandelt, die Menschen haben heute viel mehr Verständnis dafür, daß das Künstlerische auch dazu gehört.

Wie kann man Mitarbeiter, die sich auf verschiedenen Lebensstufen befinden, also junge Menschen, die noch stark in der Empfindungsseele leben, und reife Menschen, die aus der Verstandes- und Gemütsseele leben, zu einem ausgeglichenen Zusammenwirken bringen?

Bei den jungen Menschen, die noch stark aus der Empfindungsseele leben – bis etwa 27 Jahre –, soll man die Arbeit sehr stark bewerten. Man soll sie loben, man kann sie tadeln. Es ist gut, ihnen bei allem, was sie tun, zu sagen: Das hast du ausgezeichnet gemacht! Das erhebt sie dann. Dann kann man andererseits danach auch sagen: Das ist aber schrecklich gewesen, was du da gemacht hast, das mußt du anders machen! Sie werden dann völlig zerschmettert sein, aber das ist nicht schlimm, das geht dann auch wieder vorüber. Man soll sie ruhig orange-rot behandeln, sie immer nur violett anzufassen, hilft diesen jungen Menschen nicht. Sie brauchen die Möglichkeit, sich voll hinzugeben, sich zu verlieben – und zerschmettert zu sein, wenn etwas nicht gelungen ist. Die Empfindungsseele erwartet ja eine Antwort aus der Welt, sie verträgt dabei schon einiges. Man braucht bei diesen jungen Menschen nicht allzu ängstlich zu sein. Mit 35 Jahren würde eine solche Art des Umganges auf den Menschen ganz anders wirken.

Das zweite ist, daß man den jungen Menschen ein gewisses Quantum an Verantwortung geben muß und daß man das Risiko einkalkulieren muß, daß auch manches schiefgehen kann. Man nutzt ihnen nicht, wenn man von vornherein jede Möglichkeit zu einem Fehler ausschaltet. Als ich als junger Mensch in die Heilpädagogik gehen wollte und Dr. Ita Wegmann deswegen um Rat fragte, sagte sie: „Das ist ja sehr schön! Aber sind Sie gewappnet gegen Enttäuschungen? Sie müssen es ertragen können, daß ein Kind, mit dem Sie fünf Jahre gearbeitet haben, Ihnen von den Eltern weggenommen wird, weil seine Mütze auf dem Hof verloren worden ist." — Man muß diesen jungen Menschen ein Risiko lassen, aber man muß ihnen gleichzeitig das Gefühl geben, daß man hinter ihnen steht. Ist der Mensch dann an die dreißiger Jahre herangekommen, dann kann man ihn an eine Aufgabe stellen, in der er organisieren kann. In diesem Alter muß man Gespräche mit ihm führen. Wenn die Menschen dann etwa 40 Jahre alt geworden sind, wenn z. B. eine Oberschwester existiert, der fünf Kindergruppen unterstehen, dann ist es gut, sie aus ihrem organisatorischen Bereich herauszunehmen und ihren Horizont zu erweitern. Man kann sie dann etwa in die Leitung des Institutes, im obersten Kreis aufnehmen. Es ist überhaupt gut, wenn man in diesen obersten Kreis immer eine Anzahl von Leuten aufnimmt, damit sie einen Überblick bekommen. Wenn man sechs Menschen in dieser Art hat, dann kann man jeweils zwei für zwei Jahre in die Leitung aufnehmen, muß sie dann aber wieder herausnehmen, um sie mit neuen Verantwortlichkeiten zu betrauen. Sie werden ihre Aufgaben dann besser erfüllen, weil sie in der Leitung einen größeren Überblick gewinnen konnten. Menschen, die darüber hinaus eine weitere Alters- bzw. Lebensstufe im Institut erreichen, sollte man aus der Routinearbeit herausnehmen. — Der erste Kreis muß so gestaltet werden, daß er beweglich und entschlußfähig bleibt. Er muß in der Lage sein, schnell einzugreifen, wenn sich gewisse Möglichkeiten ergeben, etwa ein Haus günstig zu erwerben ist. Oder er muß gewisse Entschlüsse wachhalten können, etwa wenn man sich entschlossen hat, einen Kindergarten zu eröffnen, dann muß er darüber wachen, daß solche Kinder aufgenommen werden, die dafür geeignet sind.

Eine weitere Frage zielt auf das Schicksal der alten Menschen im Institut.

Wie Rudolf Steiner sagte, beginnt ja mit dem 42. Jahre — in einem anderen Vortrag hat er gesagt: nach dem 35. Jahre — die Vorbereitung auf das Nachtodliche. In dieser Zeit beginnen wir, unsere „unvollendeten Symphonien" zu schreiben. Und diese Unvollendeten sind die wichtigsten, denn man nimmt die nicht zu einem Abschluß gebrachten Willensimpulse mit in die geistige Welt. Man muß die so älter gewordenen Menschen vom Gesichtspunkte des Geistselbst aus betrachten. Die erste Phase der Bewußtseinsseelenentwicklung muß durch eine absolute Einsamkeit hindurchgehen. In der zweiten Phase kann dann eine Annäherung an das Geistselbst erfolgen mit einer neuen seelischen Wärme, die sich im Sozialen mit einer Intensität äußert, wie man sie vorher nicht erleben konnte. Das eigentliche Problem liegt darin, daß man an den älteren Menschen meist nur die erste Phase der Bewußtseinsseelenentwicklung erlebt. Was dahinter aber kommen könnte, das ahnt man im allgemeinen nicht. Nur eine kleine Vorschau der Möglichkeiten, die sich so ergeben könnten, ist uns möglich.

Intim betrachtet ist dies ja auch ein Seelenprozeß der menschlichen Ehe. In manchen Ehen ist gerade in den 50er Jahren etwas ganz Neues zu erleben, eine neue Wärme, eine neue Dankbarkeit und ein neues Erkennen des anderen. Es fällt schwer, dies im Alltag zu äußern, es wird im Alltag kaum geäußert. Man erlebt es eigentlich auch erst bei einer räumlichen Trennung. Das kann aber nur möglich werden, wenn man andererseits es nicht gescheut hat, dem Doppelgängererlebnis, das in diesen Jahren ja auch eine Rolle spielt, ins Auge zu schauen. — Wenn man im gemeinsamen Schicksal mit den Alten dieses Schwere mit durcherlebt, dann macht man sich fähig zu dem, was dieses Alter an guten, gesegneten Möglichkeiten bringen kann.

Die Aufgabe der heilpädagogischen Bewegung in der Zukunft
Fünfter Vortrag vom 4. April 1970

Liebe Freunde, wir gehen in den Abschluß der Tagung hinein, und ich möchte die Aufforderung doch aufgreifen, über die Zukunft der heilpädagogischen Bewegung zu sprechen. Das ist eine schwere Aufgabe, weil man nicht sicher weiß, ob man durchkommt. Vielleicht darf ich auf die Tafel hinschreiben, was ich als die drei wichtigsten Aufgaben der heilpädagogischen Bewegung sehe. Da können wir dann, während ich spreche, darauf zurückschauen und sehen, wie weit das für das eine oder andere stimmt, denn was ich zu sagen habe, wird ein Umweg sein, ein größerer Umweg. – Die erste Aufgabe der heilpädagogischen Bewegung ist, so hat Rudolf Steiner gesagt, das Vorgeburtliche konkret in die heutige Kultur hineinzusetzen – nicht nur als Theorie, als Gedanke, sondern konkret als Handhabung. Eine Situation zu schaffen, in der der Mensch lernt, konkret mit dem Vorgeburtlichen zu arbeiten. Die zweite Aufgabe ist, Verantwortungsgemeinschaften zu bilden. Das ist eine soziale Aufgabe – und vielleicht darf ich dahinter schreiben den Begriff: Kulturinseln. Das hängt damit zusammen. Verantwortungsgemeinschaften – was das Wort Verantwortungsgemeinschaft meint, werde ich Ihnen noch weiter ausführen. Und das Dritte, das ich sehe als eine Aufgabe, die uns noch bevorsteht, ist, von den Institutsgründungen zu einer heilpädagogischen Weltbewegung zu kommen, zu kommen von der Phase, in der die Heilpädagogik sich auslebt in Insitutsgründungen, zu einer echten heilpädagogischen Weltbewegung. Und ich habe das Gefühl, wir erreichen das Ende des Jahrhunderts nicht, wenn die dritte Aufgabe uns nicht gelingt. – Das ist eine ungeheuer wichtige Aufgabe.

Nun, da sind drei Gebiete aufgeschrieben. Das Vorgeburtliche konkret darstellen – man darf vielleicht hier auch ein Gespräch erwähnen zwischen Dr. Steiner und Dr. Wegmann, das auch von einigen Ärzten damals mitgemacht wurde. Da sagte Dr. Steiner im Jahre 1924 – er hat das etwas umschrieben –: Die katholische Kirche ist diejenige, die ganz stark auf das Nachtodliche hinschaut und die Menschheit durch das Mittelalter hindurch geführt hat in eine Anschauung, eine Erwartung des Nachtodlichen. Es sei nun die Aufgabe der Heilpädagogik, das Vorgeburtliche ebenso konkret in die menschliche Kultur hineinzustellen – als Gedanke, aber auch als Handhabung, so konkret, daß man konkrete pädagogische Handhabungen ausüben kann.

Die Problematik der Verantwortungsgemeinschaften ist so, daß man sagen muß: Das sind Gemeinschaftsaufgaben — und Sie werden am Ende meiner Ausführungen verstanden haben, was ich mit dem neuen Wort „Verantwortungsgemeinschaft" meine. Dort, wo solche Gemeinschaften entstehen, sind sie moderne Kulturinseln, ob sie nun in der Stadt oder auf dem Lande sind. Für mich macht das keinen wesentlichen Unterschied. Ich glaube, beide werden nötig sein — man wird sowohl in den Großstädten seine Kulturinseln schaffen müssen wie auf dem Lande, das eine mitten in der Brandung, das andere etwas mehr abseits und dadurch etwas geschützter. Die einen können es ertragen, in der Brandung zu stehen — für die anderen bedeutet es, daß man zu einer erfreulichen Vertiefung kommt, wenn man etwas mehr geschützt liegt in einer natürlichen Umgebung.

Es bliebe nun noch die Zukunftsaufgabe, von der Phase der Institutsgründungen zu kommen zu einer heilpädagogischen Weltbewegung — wie damals schon die Weltschulbewegung von Rudolf Steiner gefordert wurde. Als die Waldorfschulen entstanden, in Stuttgart und in Norddeutschland, in Holland und England, hat er gesagt, es solle eine Weltschulbewegung entstehen, man solle den Schulegoismus überwinden und zu einer Weltbewegung kommen — die michaelische Zeit verlange, daß solche Bewegungen zu einer Weltbewegung werden, nicht zu Lokalbewegungen, obwohl sie natürlich durch lokale Grundlagen realisiert werden.

Nun, was ich jetzt machen will, ist ein scheinbarer Umweg. Ich möchte heute darauf eingehen, wie in diesen drei Aufgaben eigentlich zwei Dinge liegen — ein persönlicher Entwicklungsweg und der Entwicklungsweg einer Gemeinschaft —, zwei Dinge, die sich gegenseitig ergänzen. Und da muß ich dann vielleicht etwas zurückgreifen in die Historie des Anfanges der nachatlantischen Zeit, der nachatlantischen Aufgabe der Menschheit.

Als in der fünften atlantischen Zeit es fällig wurde, die nachatlantischen Kulturen vorzubereiten, da sammelte der große Menschheitsführer, der Manu, seine Menschen. Dr. Steiner beschreibt, wen er da sammelte, und beschreibt die fünfte atlantische Kultur als eine Kultur, die nach außen hin großartig angelegt war. Es war die Zeit, als die Regen niedergegangen waren und die Meeresoberflächen und die Sterne sichtbar wurden. Es war die Zeit, wo die Menschheit die Aufgabe, die Schiffahrt zu beherrschen, ergriff. Und es entstand eine gewaltige Kultur, eine äußere Kultur, wo man lernte, sich geographisch zu orientieren nach den Gestirnen, die jetzt sichtbar waren, nach dem Raum, den die Schiffe überfahren konnten. Diese fünfte atlantische Kultur war also eine Kultur des äußeren Könnens und des äußeren Glanzes aus den alten Hellseherkräften heraus, die damals noch vollständig anwesend waren. Und da sagte Dr. Steiner: In dieser Kultur gab es auch Menschen, die von ihren Zeitgenossen als Trottel angesehen wurden, weil sie diese Hellseherkräfte nicht mehr hatten, aber in ihren Seelen leuchteten die allerersten Anfänge des abstrakten Denkens auf. Damit standen sie eigentlich außerhalb der Kultur. Gerade diese Leute, die verachtet waren, aber die Zukunftskeime in sich trugen, führte Manu nun hinaus. Das hat Rudolf Steiner ausgesprochen in einem Vortrag, ich glaube in Düsseldorf und in Bern — und dann sagt er: das ist eine ganz neue Entwicklungsepoche. Es war vor siebzehn, achtzehn Mitgliedern, als er das vortrug und sagte: So wird in der heutigen Zeit, in der fünften nachatlantischen Zeit, die äußere Menschheit die Aufgabe haben — das hat er also ausgesprochen ungefähr 1908 oder 1909 —, den Luftraum zu erobern. Und dann — sagt er — gibt es einige, die von den anderen als Trottel angesehen werden, weil sie die ersten Anfänge des neuen Hellsehens haben, aber die können sich trösten, denn sie haben die Aufgabe, die sechsten Kulturzeiträume vorzubereiten, so wie in der atlantischen Zeit die damaligen verachteten Trottel die Aufgabe hatten, die nachatlantische Zeit vorzubereiten. — Nun, es ist schon merkwürdig, wenn man anschaut, was heutzutage geschieht mit Flugzeugen und Raketen — nicht nur der Luftraum, der Weltraum wird sogar erobert. Es ist aber eine notwendige Aufgabe, und sie wird von einer gewissen Menschengruppe übernommen. — Nun, ich schildere das, damit Sie die Verbindung haben mit dem Heutigen. Unsere eigene Situation bekommt man deutlich vor Augen gestellt. Und er sagt: Damals gab es den göttlichen Manu, der die Menschen hinausgeführt hat, jetzt in der fünften nachatlantischen Zeit werden menschliche Manus kommen — Mehrzahl —, die die Menschen sammeln werden und in die Zukunft hinein führen werden. Nun, wie menschliche Manus ausschauen, davon können wir vielleicht eine Ahnung haben, wenn wir die Aufgabe sehen, die Rudolf Steiner übernommen hat, wo ein Mensch diese Art Aufgabe in der jetzigen Zeit auf sich nimmt — nicht mehr ein göttliches Wesen, ein hierarchisches Wesen, das sich inkarniert.

Und nun muß man sehen, was weiter geschieht. Da findet dann der Zug nach dem Osten statt, der nördliche und der südliche Weg — dann gehen sie weiter bis in die Gobi-Wüste, da finden die Anfänge der neuen nachatlantischen Kulturimpulse statt. Und nun beschreibt Rudolf Steiner den Europäischen Raum — und er nennt ihn den Warteraum. Europa ist der Warteraum. Dort sind gewisse Menschen auf dem Zug in den Osten zurückgeblieben, und sie werden geführt von ihren Priester-Königen, so geführt, daß die Wildheit, die in ihnen noch lebt, sozusagen zum Weg in die Einweihung wird. Und dieser Warteraum, wo die Menschheit zu warten hatte, bis nun ihre Zeit gekommen war, um den Menschheitsfortschritt zu tragen, diese Jahrtausende, Jahrtausende des Wartens, die bedeuten, daß nun das Ich erwachte in den wilden Leibern – und es war ein Weg der Einweihung in den nordischen Mysterien, daß nun das Ich zu seinem vollen Bewußtsein erwachte im nicht gezähmten Astralleib. Jemand hat, als er das hörte, einmal gesagt: Das ist wie eine Operation ohne Narkose. Es ist etwas Fürchterliches, mit dem Ich da hineinzukommen – aber es ist auch ein gewisser Entwicklungsweg. Diejenigen aber, die nach Osten geführt wurden, wurden durch die Hierarchien weiter geführt, von hierarchischen Wesen, von Halbgöttern. Und es wurden durch die Kunst und die Kultur, die da gebracht wurde, die Äther- und Astralleiber besänftigt und veredelt – und wenn das Ich dann hineinkam, dann war das ein Prozeß, der sozusagen erträglich gemacht war.

Und nun gibt es die großen Unterschiede zwischen den östlichen und der europäisch-nordischen Mysterien. Die östlichen Mysterien sind alle Mondenmysterien, das heißt, es sind Weisheitsmysterien. In der Spiegelung des Mondes werden die kosmischen Geheimnisse in den Mysterien abgelesen und als Weisheitsgrund den neuen Menschen einverleibt. Wenn sie dann hinausgingen, dann machten sie ein Stück Todeserlebnis durch in dieser Mondensphäre, sie wurden dann wieder erweckt und wußten im Spiegel der Mondenwelt die kosmischen Geheimnisse abzulesen. Es gab auch Venusmysterien usw., aber im Grunde muß man sagen, es waren alles Mondenmysterien, es waren alles Weisheitsmysterien, auch wenn es immer schwieriger und schwieriger wurde, die alte Weisheit noch rein zu spiegeln. Das kam dann hinein in eine Kultur, die durch die äußere Kultureinrichtung nun veredelnd auf Äther- und Astralleiber wirkte. – Es waren also Erkenntnismysterien, Weisheitsmysterien. Großartig, wenn man jetzt liest, wie gewaltig da die Bilder waren, worin diese Weisheit gebracht wurde, die wir jetzt wieder durch die Anthroposophie einigermaßen lesen und verstehen können.

Demgegenüber sind die nordischen Mysterien sehr dürftig. Der nordische Einweihungsweg war eine Willenseinweihung, war eine Muteinweihung. Die Einweihung bestand aus Mutproben auf der einen Seite – in dem Mut, daß das Ich in diese wilden Astralkräfte hineingeht und sie bändigt. Eine der Einweihungsproben war die Rossebändigung, und wenn man auf den Externsteinen steht, da war es der Gang über die schwankende Brücke – in schwindelnder Höhe über eine schwankende Brücke gehen! Lebensgefährliche Einweihungsritualien, Mutproben, nicht wahr! Das Ich mußte da hineingehen. – Es waren Willensmysterien – es waren aber auch Mysterien, wo zum ersten Mal aus dem Willen heraus die Könige gewählt wurden. Das ist der große Unterschied zu dem Osten, wo die Erbschaft bestimmend war, wo durch die Geschwisterehe gewisse Dinge lang gewahrt wurden und man, wenn man zu den Sternen hinzublicken hatte, dazugehören mußte – nur gewisse Familienmitglieder konnten in den Mysterien Priester werden! Das war alles hierarchisch geordnet. – Wie sind sie entstanden, die Prieser-Könige der germanischen Zeit? Die wurden gewählt, die wurden auf den Schild erhoben – und dann waren sie es! Denn man erlebte: In ihnen lebt das Ich so, daß sie Führer sein können. Das hatte einen ganz anderen Charakter, das war die erste Zeit, die Wildzeit der Demokratie. Es war keine Demokratie im Sinne der modernen Wahl, es war einfach das Erlebnis, daß dieser Mann, der bis jetzt einer von ihnen war, der Punkt geworden ist, durch den die Götter wirken können – durch den Willensmenschen.

Und so kann man sagen, daß eigentlich der nördliche Raum Europas von Saturnmysterien getragen war, während der ganze Osten von Mondenmysterien getragen wurde. Und das drückt sich unter anderem darin aus, daß für alle Mondenmysterien immer die Kuh oder der Stier das leitende Bild ist: die Hörnertragenden. Die Isis mit den Kuhhörnern; wenn man nach Kreta kommt, ist alles voller Stierbilder – Europa, wie sie von Osten kommt, auf dem Rücken des Stieres nach Kreta getragen. Was bedeutet das? Das bedeutet, daß da der Stier, also die Mondenmysterien, vom Osten, vom Festland Kleinasiens nach den Griechischen Inseln gebracht wurden und von dort aus der Mondenstrom, die Mondenmysterien in den Süden Europas hineingingen – während im Norden eigentlich der Hirsch oder der Elch oder das Rentier als Bild erschien. Nun ist das ein großer Unterschied, Rudolf Steiner beschreibt das im landwirtschaftlichen Kurs. Ein Horn ist eine Verdickung, eine Verdichtung der Haut. Die Haut ist das ganze Mondenorgan. Und die Verdauungskräfte spiegeln sich sozusagen, können nicht hinaus und werden zurückgespiegelt in die Verdauung wieder herein – deshalb haben diese gehörntragenden Tiere solch ungeheure Verdauungskräfte. So ist es auch bei den Stieren: Willenskräfte, die sich stauen. Er schaut eigentlich in sich hinein, der Stier, obwohl er losstürzt – das sind die ungeheuren Willenskräfte. Bei der Kuh sind es die Verdauungskräfte, die Fortpflanzungskräfte. – Beim Geweihtragenden ist es anders. Ein Geweih ist ein nacktes Stück Skelett, das in die Luft hineinragt. Wenn es jung ist, ist es noch von Haut umkleidet – dann wird die Haut von dem Geweih abgerieben, und ein nacktes Skeletteil bleibt übrig. Dr. Steiner beschreibt bei der Präparateherstellung, wie in die Blase des Hirsches die Schafgarbe hineingetan und in die Bäume gehängt wird. Diese

Hirschblase hat noch immer die Eigenart des Tieres: So ein Stück Skelett, das in die Welt hineinragt, ist wie eine Antenne, mit der kosmische Kräfte hineingesaugt werden. Es ist jeder Zeit in Bewegung. – Und so ist es nicht zufällig, daß z. B. auf dem Silberkessel von Gundestrup, wie er beschrieben ist in dem Buch von Grosse, daß da der Eingeweihte mit einem Hirschgeweih erscheint. Das wäre in einer östlichen Mysterienstätte unmöglich. Da wäre der Eingeweihte mit Kuh- oder Stierhörnern dargestellt worden und nicht mit einem Hirschgeweih. Und das sieht man auch in den nordischen Felszeichnungen – immer diese Zeichnungen, diese Strichzeichnungen von Rentier und Elch. Da sagt man: Das haben sie gemacht, weil sie keine anderen kannten – und das ist für die Außenwelt eine bequeme Erklärung. Da hat man die Saturnischen Mysterien! Durch die Tat, durch den mutigen Kampf – dadurch kam der Mensch zur Einweihung. Er peitschte seinen Astralleib geradewegs auf – mit dem Schlachtruf, mit dem Schwert-auf-den-Schild-Schlagen, mit dem Geschrei, daß die Südländer, die römischen Legionen vor Furcht einfach gelaufen sind, als sie dieses schreckliche wilde Gebrüll und Getöse gehört haben – weil sie erlebt haben: Da stehen wir vor einer astralen Wildheit, die wir gar nicht kennen. Denn der römische Legionär, auch wenn er ein einfacher Mensch war, war ungeheuer gebildet gegenüber diesen Menschen. Aber diese hatten vor allem das Erwachen der Wildheit und mußten die Wildheit zähmen. Das war eine ungeheure Willensschulung, darauf gingen die ganzen Mysterien hin.

Wir sehen nun auch, wie in diese Mysterien die Götterdämmerung hineinspielt. Da hat man einerseits den zentralen Odin, den Walvater – und dann hat man daneben Loki, der verheiratet ist mit Angreboda, Loki ist Luzifer, Angreboda, seine Frau, Ahriman, ein ahrimanisches Wesen und deren Kinder sind die Midgardschlange, der Fenriswolf und Hel. Da sieht man in diese Welt hinein, wo ein Sonnenwesen und ein Luziferisch-Ahrimanisches stand – und wie aus der Ehe des Luziferischen und Ahrimanischen die drei Höllengeschöpfe erscheinen und die Menschheit plagen. Da können Sie auch sehen, wie in der Götterdämmerung die ganze Welt zugrundeght, die ganze alte Hellsichtigkeit des Saturnischen Einweihungsweges zugrundeght – nur einer schaut zu und wartet, und das ist Vidar, der Odinsohn. Von ihm wird gesagt, daß er schweigt – und er wird so lange schweigen, bis er wieder das neue Wort sprechen kann. – Was bedeutet das, daß er das neue Wort sprechen muß? Ich erlebe es so, daß das neue Wort dasjenige ist, das durch die Art, wie es gesprochen ist, nun wirklich neues Feuer, geistigen Enthusiasmus in den Menschen leben läßt. Es ist da etwas angedeutet wie eine Vorschau der Wirkung des Maitraya-Buddha, des kommenden Buddha. Ich will nicht identifizieren, ich will nur dieses Bild des schweigenden Vidar hinstellen, der durch Jahrtausende schweigen wird, bis er das neue Wort sprechen kann. Solange, bis Vidar das neue Wort gesprochen hat, ist Europa Warteraum. Und auch noch, als in diese sterbenden Saturnmysterien Europas das große Sonnenmysterium hineingekraftet ist. Christus ist im östlichen Raum erschienen, in den auslöschenden Mondenmysterien, die schon dekadent geworden waren, aber noch immer die Möglichkeit hatten zu verstehen, was geschehen ist. – Auf zwei Wegen kommt das nach Europa. Einer ist der direkte Weg über Irland – der zweite ist der indirekte über Rom. Auf diesen zwei Wegen kommt nun dieser Sonnenimpuls in den Saturn-Warteraum hinein. Und das Bild, worin sich das zeigt, ist, daß der Hirsch Sonnenträger wird. Der Hirsch erscheint mit dem leuchtenden sonnenstrahlenden Kreuz zwischen dem Geweih. – So wird in diesen Raum hinein das Christusgeheimnis getragen. Der direkte Weg wird zugedeckt, aber er läuft wie ein roter Faden durch die ganze Geschichte Europas hindurch und ist der Warteweg. Obwohl der römische, der Südweg, das Christentum als Erkenntnis und später als Lehre bringt – so ergibt sich doch, daß das Christentum als Tat, als Tateinweihung – daß man es nicht nur weiß und daran glaubt, sondern daß man den Christus in den Willen bringt und christliche Taten vollbringt –, daß das ein Weg ist, der eigentlich noch wartet.

Und nun sage ich etwas ausdrücklich aus eigener Verantwortung. Ich habe den Eindruck, daß eigentlich Europa der Warteraum ist bis 1899. Europa ist Warteraum bis zum Ende des Kali-Yuga, und erst nach Ende des Kali-Yuga fängt die eigentliche Aufgabe Europas an. Vorher war alles Vorbereitung, das Mittelalter, die ganze Kultur, auch das siebzehnte, achtzehnte, neunzehnte Jahrhundert – das zwanzigste Jahrhundert bringt die Wirklichkeit. Und auf der Schwelle davon steht ein großer Menschheitsführer und hat zwei Aufgaben: Er hat die Aufgaben, die dekadenten Mondenmysterien zu erneuern – das war seine erste Aufgabe. Diese Aufgabe hat er gelöst, indem er zunächst „Wie erlangt man Erkenntnisse” schrieb – und damit den persönlichen Entwicklungsweg lehrt, der durch Imagination, Inspiration, Intuition geht, über die Feuerprobe, Wasserprobe, Luftprobe. Imagination, Inspiration, Intuition – wie Rudolf Steiner das im „Initiatenbewußtsein” beschreibt –, dieser Weg führt auf dem untersonnigen Weg in die Sonnensphäre hinein. Denn warum strebt der Mensch seiner Einweihung nach? Weil das menschliche Ich in der Sonnensphäre zuhause ist. Das ist sein eigentliches Gebiet, da lebt er auch am längsten der Zeit nach. Nur ab und zu, mit großen Vorbereitungen, taucht er für etwa achtzig Jahre in ein irdisches Leben unter, wird er geschult am Widerstand der Erde, und die Frucht dieser Übungszeit muß er dann wieder in

116

kosmischer Zeit verarbeiten — den größten Teil davon in der Mittelsphäre, der Sonnensphäre. Und der neue Einweihungsweg ist, daß wir uns heute im Leben bewußt werden, daß wir Sonnenwesen sind in dieser Hinsicht und daß wir auf Erden sozusagen Fremdlinge sind. Novalis sagt: Herrliche Fremdlinge — mit dem sinnenden Auge, dem tönenden Munde, dem schwebenden Gang. Dann geht es weiter — es kommen dann die großen Offenbarungen in der „Geheimwissenschaft". Es kommt, was in den großen Evangelienzyklen gegeben wird. Das ist alles noch die Weisheit, die erneuert wird, nicht wahr! Da kommen sehr viele Menschen der alten anthroposophischen Strömung mit; dieses zu studieren ist für sie das Wichtigste. Das stille Studium im stillen Kämmerlein und in kleinen geschützten Gruppen! Die Gruppen damals waren klein — in Städten von fünf-, sechshunderttausend Menschen war eine Gruppe von höchstens zwanzig Menschen, die kamen separat zusammen, und Dr. Steiner hat diese Gruppe für würdig befunden, dort die allergrößten Geheimnisse in den Zyklen aufzuschließen. Vor ihnen hat er die alten Mondenweisheiten, die Weisheitsmysterien erneuert.

Und dann kam eine ganz andere Zeit. Dieser Strom hörte eigentlich mit dem Kriegsausbruch und dem, was danach kam, auf. Und es kam die zweite Aufgabe Rudolf Steiners: Die Willensmysterien, die alten Saturnmysterien zu erneuern. Und dafür brauchte es anderes. Dafür braucht es praktische Einsicht so, daß die Menschen damit in der konkreten Situation arbeiten können. Sehen Sie, die Weisheit ist immer generell: Wir haben eine Erkenntnis über Karma und Reinkarnation. Der Saturnweg ist immer spezifisch, ist heutzutage immer situationsgebunden. Ich habe eine Begegnung mit einem Menschen — da wirkt sich konkretes Karma aus! Auf diesen Weg hat Rudolf Steiner sich begeben. 1916, 1917 arbeitete er daran, den dreigliedrigen Menschen darzustellen, wie einen Schlüssel für alles, was in der Zukunft an praktischem Handeln im sozialen Leben im Einklang mit dem menschlichen Leben zu tun war. Und als dann der Krieg vorbei war, kam die Dreigliederungszeit, kam die Waldorfschule, kam alles, Landwirtschaft, Heilpädagogik usw. Es kam die Zeit der neuen jungen Mitglieder, die nun ganz anders darinstanden und die nun, zum Entsetzen der alten Mitglieder, schon Verantwortungen übernahmen, bevor sie zwölfmal die Theosophie durchmeditiert hatten. Denn das war doch mindestens notwendig, bevor man überhaupt ein Wort darüber sprechen konnte! Sehen Sie, Herr Pieter de Haan hat in unserer Gruppe so wundervoll davon erzählt, wie er 1912, 13 in die Düsseldorfer Gruppe aufgenommen wurde, wo nun Michael Bauer führend war. Als er sich da als junger Mann von neunzehn Jahren als Mitglied anmeldete, mußte er erst ein Examen ablegen, wurde er von drei Mitgliedern examiniert über „Wie erlangt man Erkenntnisse", über „Theosophie", über „Geheimwissenschaft" und verschiedene andere Dinge. Das Examen verlief einigermaßen befriedigend, er wurde in die Gruppe aufgenommen, und es war ein ganz merkwürdiges Geschehen: Er hat gesagt, er wurde hineingeführt, Michael Bauer hat ihm die Bibel auf den Kopf gelegt und zu ihm gesprochen; mit großen Augen ihn angeschaut, während er ihm die Bibel auf den Kopf gelegt hat. „Was er mir da gesagt hat, das habe ich überhaupt nicht behalten können, weil der Moment so gewaltig für mich war!" Nun, das würde man heute doch nicht anfangen, so ein neues Mitglied aufnehmen, nicht wahr!

Ich meine, man muß sehen, wie verschieden diese Gruppen waren. Es kamen die vielen jungen Menschen unter fünfundzwanzig Jahren – der älteste Lehrer der Waldorfschule war damals, ich glaube, nicht einmal dreißig Jahre, die anderen waren zwischen vierundzwanzig und sechsundzwanzig, siebenundzwanzig. Rudolf Steiner hat dann kurz nachher Dr. Zeylmans als Generalsekretär der Holländischen Gesellschaft verlangt – die Leute hatten Pieter de Haan gewählt, der viel älter war, zwölf Jahre älter als Zeylmans –, aber als Dr. Steiner sagte, er hätte doch an einen anderen gedacht, und als Pieter de Haan hörte, daß dies Zeylmans sei, ist er sofort zurückgetreten und hat gesagt, man solle Zeylmans wählen. Der hatte gerade seinen dreißigsten Geburtstag gehabt, einige Tage vorher. – Da sind die jungen Menschen hineingekommen, da sind die Heilpädagogen gekommen, da sind die jungen Lehrer gekommen, da sind die Landwirte gekommen – die haben etwas anderes getan. Die haben gegründet. Die haben einen anderen Weg gesucht, den Willensweg und die Erneuerung des Willensweges. Das ist eigentlich die zweite Aufgabe.

Diese beiden Wege kommen zusammen in der Weihnachtstagung. Wenn wir den Grundsteinspruch nehmen, dann können wir darauf hinweisen, wie die ersten drei Sprüche sozusagen die totale Zusammenfassung der ganzen erneuerten Mondenweisheit sind. Menschenseele, du lebest! – Menschenseele, du lebest! – Menschenseele, du lebest! Die Menschenseele in ihrem Herzensschlage, in ihrem ruhenden Kopf, in den Gliedern – die Hierarchien – die Geister in Ost, West, Nord, Süd, – Menschen mögen es hören. Und dann kommt der folgende Spruch, ganz einfach:

In der Zeiten-Wende / Trat das Welten-Geistes-Licht / In den irdischen Wesensstrom; / Nacht-Dunkel / Hatte ausgewaltet; / Taghelles Licht / Erstrahlte in Menschenseelen; / Licht, / Das erwärmet / Die armen Hirtenherzen; / Licht, / Das erleuchtet / Die weisen Königshäupter. / – / Göttliches Licht, / Christus-Sonne, / Erwärme / Unsere Herzen, / Erleuchte / Unsere Häupter, / Daß gut werde, / Was wir / Aus Herzen gründen, / Was wir / Aus Häuptern / Zielvoll führen wollen.

Da ist der Angelpunkt! Erst zusammen, nicht wahr, sind die Aufgaben Rudolf Steiners erfüllt!

Für die neue Zeit ist es so, daß auf der einen Seite der eigene Weg gegangen werden muß von Imagination, Inspiration, Intuition. Er fängt an mit dem Wegverbrennen der Schleier in der Feuerprobe, wo gewisse Dinge durchsichtig werden, wo man Einsichten bekommt. Zum Beispiel, daß es schon Imagination ist, wenn man sich überhaupt etwas vorstellt. Wenn man sich vorstellt, daß man einen Menschen erkennt als Menschenwesen, dann ist das ja keine Wahrnehmung, dann ist das ja schon Imagination! Wenn man einen Menschen als Menschen erkennt, das Ich dahinter, wenn man erleben kann, daß da eine Persönlichkeit ist — dann ist das der Anfang der Imagination. Wo die Schleier der Maya allmählich Schicht um Schicht fallen und man immer tiefer hineinschaut. — Wo man dann in das Inspirative hineingeht, wo man auch hören kann, wo die Welt der Töne anfängt, ihre Sprache, ihre Offenbarung zu geben — wo man dann schließlich zur Luftprobe kommt, wo es darauf ankommt, nun auch Geistesgegenwart zu entwickeln, um das zu tun, was in einem gewissen Moment zu tun ist — als Abschluß.

Der Saturnweg ist gerade umgekehrt. Der Saturnweg fängt mit der Intuition an und geht über die Inspiration zur Imagination — die Imagination ist der Schluß. Die Tat aus der Geistesgegenwart heraus steht am Anfang, und hinterher sieht man sie an und man sieht, sie war gut oder sie war nicht gut. Das ist das Umgekehrte — das fängt mit dem Willen an, und dieser Willensweg ist ein Weg, den man nicht alleine gehen kann. In keiner Weise, denn sofort, wenn man einen Willensakt ausübt, greift man in die „absolute Freiheit" — zwischen Gänsefüßchen! — von anderen Menschen hinein. Wenn ich mich auf diesen Stuhl hier setze, kann nicht ein anderer darauf sitzen. Ich kann überhaupt nicht anders als durch jede Tat — auch wenn ich keine Tat vollbringe, greife ich ein, genauso, als wenn ich wohl eine Tat vollbringe. Es gibt da kein Entrinnen, keine Möglichkeit, herauszukommen. Wir leben eben als Menschheit zusammen — und dieser Saturnweg ist der Gemeinschaftsweg. Es ist der Weg, wo man nun, wie Rudolf Steiner im „Initiatenbewußtsein" beschreibt, nur in einer karmischen Gruppe sich gegenseitig ergänzen kann und die Intuition geschützt ist von den anderen. Einer in der Gruppe hat eine Intuition — das kann gehen, ist dann aber abhängig, ob die anderen das aufnehmen oder nicht. Wenn die anderen es nicht aufnehmen, kann er es nicht alleine durchführen, ohne sich aus der Gruppe herauszulösen.

Und nun kommt man an das Geheimnis der karmischen Gruppe, darüber möchte ich doch einiges sagen, was mir in meinen letzten fünf, sechs, sieben Jahren immer mehr zum Zentralen meines Anliegens wird. Wenn wir sprechen über eine karmische Gruppe, denken wir alle an das Karma der Vergangenheit. Da muß ich sagen: Bin ich mit diesen Menschen karmisch verbunden oder nicht? Nun, Dr. Steiner nimmt die karmische Verbundenheit sehr weit. Er sagt: Wenn ich mit einer Gruppe Menschen in einer Stadt wohne oder mit einer Trambahn fahre, dann ist das schon eine Gruppe, die irgendwie karmisch zusammengehört — denn wir sind einfach Zeitgenossen, die zusammensind. Im Großen sind wir natürlich alle karmisch verbunden, einfach weil wir Zeitgenossen sind. Aber im Speziellen ist das etwas anderes. — Die alten Saturnmysterien waren noch angewiesen auf das alte Karma. In den neuen Saturnmysterien kann man sich selbst entschließen, eine karmische Gruppe zu sein — nicht aus der Vergangenheit, sondern nach der Zukunft hin. Ich kann mich in diesem Moment entschließen: Ab heute will ich mit diesen neun oder zehn Menschen eine karmische Gruppe sein, und das bedeutet: Meine Taten verbinde ich so mit den anderen, daß damit ein Karma anfängt, das in der Zukunft sich auswirken wird. Das ist eine neue karmische Gruppe aus freier Wahl.

Goethe hat das schon angedeutet, als er von den Wahlverwandtschaften sprach. Da lag es noch im Familienhaften — das war der Charakter seiner Zeit damals. Aber heutzutage müssen wir Wahlgruppen, Wahlkarma bilden, wir müssen den Mut haben, mit einer Anzahl von Menschen einen Entschluß zu fassen: Ab heute sind wir eine karmische Gruppe, wollen wir uns gegenseitig verpflichten. Das bedeutet, daß ab heute ich meine Entscheidungen den anderen anheimstelle. Und ich horche hin, wer in der Gruppe das Wort ausspricht, das in diesem Moment fällig ist. — Erleben Sie etwas vom funktionellen Führertum? Das funktionelle Führertum in seinem tiefsten Untergrund ist ein Stück des neuen Saturnischen Einweihungsweges.

Und nun ist es so, daß man sagen kann: Kein Mensch kommt auf diesem Gemeinschaftsweg, auf diesem neuen Saturnischen Weg weiter, wenn er nicht auf der anderen Seite persönlich den Mondenweg geht, wenn er nicht für sich studiert, wie er sich weiter entwickelt. Aber umgekehrt: Keiner kommt auf seinem Mondenweg wirklich weiter, über eine gewisse Grenze hinaus, wenn er nicht zu gleicher Zeit auch ein Stück Saturnkarma hegt. Wenn er nicht sagt: „Daß gut werde, was wir aus Herzen gründen, was wir aus Häuptern führen wollen.” Wo das „Wir” auch im Bewußtsein schon lebt. Daß gut werde — das muß man ganz tief erleben, das Wort „gut” —, das ist doch ein moralischer Begriff! Die ersten drei Absätze kennen keine moralischen Begriffe. Da ist nur geschildert die große, gewaltige Tatsache des kosmischen Menschen in seiner Dreigliederung, in seiner Beziehung zu den Hierarchien, in seinem ganzen geschichtlichen Werden: der eine Weg. Und dann kommt der schlichte Weg: „In der Zeitenwende trat das Welten-Geistes-Licht in den irdischen Wesensstrom. — Nacht-Dunkel hatte ausgewaltet." — Es ist, als ob ein Märchen anfängt, ganz einfach. Ich erlebe das immer wie ein Kindermärchen; so einfach ist das in der ganzen Wortgestaltung, in der Art gegenüber dem ersten, was da ganz hierarchisch von oben herunterklingt — da ist plötzlich eine rein menschliche Angelegenheit. Und das endet dann mit dem wunderbaren Wort „Daß gut werde!" — „Göttliches Licht, Christussonne, erwärme unsere Herzen, erleuchte unsere Häupter!" *Unsere* Herzen, *unsere* Häupter, nicht wahr! „Daß gut werde, was *wir* aus Herzen gründen, was *wir* aus Häuptern führen wollen." Das ist für mich einfach der Spruch, womit nun die neuen Saturnmysterien in das Ganze hinein gehoben werden. Erst die zwei geben die Möglichkeit.

Und nun werden wir vielleicht begreifen das Wort „Verantwortungsgemeinschaft". Damit habe ich solch eine karmische Gruppe andeuten wollen. Denn was einen verbindet, ist die Verantwortung, die man gegen die Zukunft auf sich nimmt. Es ist nicht eine karmische Gruppe, weil wir schon viele Male zusammenwaren, so viele Male uns gestritten haben und jetzt aus karmischen Gleichgewichtsursachen uns endlich einmal versöhnen müssen — nein, es ist eigentlich: Man übernimmt aus Freiheit eine Verantwortung der Zukunft gegenüber. Wir als Gruppe fassen den Entschluß, eine Verantwortung zu tragen: Wir gründen ein heilpädagogisches Institut — wir machen eine landwirtschaftliche Gemeinschaft — wir machen irgendwo eine Schule — wir machen ein sozialpädagogisches Institut wie das NPI, das ist auch so eine Verantwortungsgemeinschaft. Und jeder von Ihnen, der da in einem heilpädagogischen Institut arbeitet, steht mit einer Gruppe von Menschen in einer voll bewußten Verantwortungsgemeinschaft. Da sind dann auch Menschen, die gerne mitmachen, wenn andere eine Verantwortungsgemeinschaft gegründet haben — und allmählich vielleicht selbst hineinwachsen in diese Verantwortungsgemeinschaft. Und dort, wo solche Verantwortungsgemeinschaften entstehen, da entstehen Kulturinseln für die Zukunft. Es gab die alten Kulturinseln — zum Beispiel in der Renaissance war Florenz ja ein Kulturzentrum, aber es war eben eine Re—naissance. Es war nicht Naissance — es wurde nichts Neues geboren, es wurde Renaissance genannt. Heute müssen Gemeinden Naissancen sein. Es muß etwas Neues geboren werden. Wenn wir über Kulturinseln sprechen, dann erlebe ich bei vielen von unseren Menschen etwas, was mit dem Begriff

Renaissance zusammenhängt. Man möchte wieder etwas haben, was sozusagen ein Stück Kultur ist im alten Sinne. Nun, das soll man dann auch nicht fehlen lassen, wir brauchen nicht alle in Bretterhütten zu wohnen – wir dürfen auch einmal anständige Häuser haben und auch einmal schöne Musik machen, wir dürfen auch einmal in ein Theater gehen, wenn es möglich ist – aber im Grunde genommen kommt es auf die neuen Verantwortungsgemeinschaften an. Die sind die einzigen, die Zukunftskraft haben. Denn wissen Sie, alles was noch Renaissance ist heutzutage, wird unwiderruflich zu Ende gehen. Das wird, weggefegt. Das einzige, worauf Ahriman seine Zähne kaputtbeißt, sind Verantwortungsgemeinschaften. Denen kann er nichts anhaben; solange gegenseitige Treue da ist, ist man geschützt. Wer sich in solch einer Gruppe weiß, ist niemals alleine. Das spreche ich wirklich aus Erfahrung aus. Neulich schrieb einer unserer Mitarbeiter, der vor zwei Monaten in Süd-Afrika zu wirken und schwere Aufgaben zu lösen hatte: Erst hier fühle ich, wie sehr ich Mitglied des NPI bin. Denn ohne dies könnte ich dies gar nicht machen – ohne das Wissen, daß es eine Gruppe gibt, zu der ich gehöre, könnte ich diese Aufgabe gar nicht tragen. Ich könnte sie verstandesmäßig genausogut lösen, aber ich könnte sie wesensmäßig nicht tragen. – Kulturinseln, so muß ich sagen, erlebe ich mit Zukunftskraft nur, wo sie getragen werden von einer Verantwortungsgemeinschaft. Ob nun mehr oder weniger Kultur im alten Sinne da ist – man muß vernünftigerweise auch eine Renaissance darin zulassen, sonst ist der Übergang zu schroff –, aber was ist das gegen das Neue, das Keimhafte, das man da hinein bildet, wo wirklich neue karmische Gemeinschaften entstehen aus Menschen, die vom Alten her vielleicht gar nicht karmisch gebunden sind – da ist es wohl am allerschwersten. Obwohl, wenn eine Gruppe Menschen von alters her karmisch gebunden ist, und sie entschließen sich zu einer neuen Sache, das Alte manchmal sehr schwer zu überwinden ist, denn das wirkt dann doch noch nach. Aber das sind Probleme, über die brauche ich nichts zu sagen, die kennen Sie alle zur Genüge. Das sind Privatsachen, die jeder für sich lösen soll.

Jetzt also die Sache der Institutsgründungen: Wenn wir diese Gruppe bilden, dann sind wir schon eigentlich im Zukünftigen, aber wir sind noch nicht im Zeitgeistigen. Wir sind in demjenigen, was in irgendeiner Sphäre des geographischen Zusammenschlusses sich befindet, wo Gruppen nun auch getragen werden und sozusagen interessant werden für die geistige Welt. So daß man sagen kann: Ja, ich stehe bereit, das zu tun, was die geistige Welt will – ich bin wie ein Organ, und ich hoffe, daß einem von uns das Richtige auch einfällt und wir das Richtige auch tun.

Wenn man in das Zeitgeistige hineingehen will, dann muß man noch einen Schritt tiefer gehen, oder höher, wie Sie wollen. Da muß ich Ihnen etwas vorlesen, was einige schon kennen, aus einem Notizbuch von Rudolf Steiner vom Januar 1924, kurz nach der Weihnachtstagung. Da stehen folgende Worte, wie er manchmal seine Schauungen in kurzen Worten aufgeschrieben hat, damit er sie behielt: „Michael bringt Wollen, Kraft, Mut — er ist Sonnengeist: Er will angeschaut sein. Er arbeitet mit den Folgen, nicht mit den Ursachen." Sehen Sie, da haben wir ein anderes von dem, was ich vorhin ausgeführt habe. „Michael bringt Wollen, Kraft, Mut" — erinnern Sie sich der alten germanischen Mysterien? Die hatten auch, in einer ganz anderen Art, Kampfesmut — Wollen, Kraft und Mut. „Er ist Sonnengeist: Er will angeschaut sein. Er arbeitet mit den Folgen, nicht mit den Ursachen." Eine Situation steht im Zeitgeist, im michaelischen Zeitgeist-Strom; was Michael interessiert, sind die Folgen unserer Taten, nicht ihre Ursachen. — Und das ist für mich wieder eine der Arten, wie man diese neuen Saturnmysterien beschreiben kann. Dieser Weg ist nicht der Weg über das Studium. Da steht nicht: Michael bringt Weisheit, Licht usw. Das Neue im Zeitgeistigen ist: Michael bringt Wollen, Kraft, Mut. Er will angeschaut sein. Er wirkt mit den Folgen, nicht mit den Ursachen.

Nun, ich habe das Gefühl, daß man in diesen michaelischen Zeitenstrom zuerst schon hineinkommt, wenn man zum Beispiel das Vorgeburtliche konkret macht — denn das Konkrete ist sozusagen der Übungsweg der Saturneinweihung. Das Studium ist der Übungsweg des neuen Mondenweges; man studiert im Allgemeinen pädagogische Prinzipien, pädagogische Bücher, pädagogische Zyklen und „allgemeine Menschenkunde", und man hat eine Riesenweisheit — und plötzlich steht man vor einem Kind, das einen Tobsuchtsanfall kriegt. Jetzt muß man aus der Intuition handeln, muß mit der Situation fertig werden. Da kann man nicht sagen: Wie war es doch mit dem Zyklus soundso — jetzt muß man aus dem Willen heraus handeln und die Situation meistern. Der Saturnweg, der Intuitionsweg ist immer spezifisch, ist immer konkret an der Situation. Da übt man sich, das Vorgeburtliche wirklich konkret im einzelnen Fall zu ahnen — nicht, indem man über das Vorgeburtliche im Allgemeinen spricht, sondern im konkreten Fall: Was ist mit diesem Kinde los? Da haben wir die Aufgabe, als Gruppe uns so mit dem Kind zu beschäftigen, daß etwas von den Zusammenhängen mit dem Vorgeburtlichen in uns selbst aufleuchtet — daß wir zu einem Ahnen des Wissens kommen und dadurch auch handeln können. Der richtige Weg ist, daß wir Gruppen bilden, Verantwortungsgemeinschaften. Aber diese Verantwortungsgemeinschaften werden doch erst im ganzen michaelischen Zeitstrom stehen, wenn man das sieht, was Michael will. Er will nicht das einzelne, sondern die Menschheit. Er will alles in Menschheitsdimensionen hineinführen. Das hat er schon zum vorigen Zeitpunkt seiner Wirksamkeit getan, in der Alexanderzeit — da hat er die griechische Kultur über die damalige Welt ausgebreitet.

Die spirituelle Kultur soll jetzt über die ganze Welt ausgebreitet werden. Ich habe das Gefühl, das ist eine Aufgabe, die uns noch bevorsteht, die Aufgabe, das Ganze in eine weltheilpädagogische Bewegung hineinzuführen, und es ist sehr erfreulich, daß wir, ohne viel Aufwand zu machen, einfach vor etwa fünfzehn, sechzehn Jahren angefangen haben. Ich erinnere mich, sogar schon in Hamborn Ostern 1932 — da war die Eröffnung von Hamborn —, da habe ich einen Vortrag gehalten über Schillers Demetrius, weil ich das Gefühl hatte, daß Schiller in seinem Demetrius in diese Zukunftsaufgabe hineingeht. Das ist da noch unfertig, nicht wahr, das ist ein Fragment, aber man hat das Gefühl, ganz im Hintergrund ist etwas, was mit dem Zukunftsmenschen zusammenhängt. Also etwas Michaelisches, was damals nur geahnt werden konnte. — Und dann haben wir später unsere Tagungen gehabt über die zwölf Sinne, wir haben zusammen gearbeitet über die sieben Lebensprozesse, wir wollen jetzt im Herbst uns mit der Bewegung beschäftigen — da hat es schon angefangen, einfach, indem wir es getan haben, ohne die Erwartung zu haben, wir schaffen es; wir haben es einfach getan. Und darum — das kann ich sagen, weil ich selbst nicht mehr so eng in der heilpädagogischen Bewegung drinnenstehe: Ich habe eine ungeheure Hoffnung auf die heilpädagogische Bewegung. Weil ich das Gefühl habe, daß sie eine Vorübung ist zu demjenigen, was Verantwortungsgemeinschaften sind. Wie schwierig es auch oftmals ist, es sind doch Verantwortungsgemeinschaften — auch wenn wir wieder zurückfallen — das macht nichts, wir stehen jedesmal wieder auf. Dadurch haben Sie die Möglichkeit, vielleicht zusammen mit der Schulbewegung, der landwirtschaftlichen Bewegung, hineinzugehen in die bestimmte Aufgabe einer heilpädagogischen Weltbewegung, Weltschulbewegung, weltlandwirtschaftlichen Bewegung usw. Die Gründungen also, die Rudolf Steiner nach 1920, am Ende seines Lebens, in die Welt hineingestellt hat.

Liebe Freunde, das war das, was ich als Antwort auf die Aufforderung zu sprechen bringen möchte. Jetzt noch ein letztes Wort. Wir sind uns begegnet. Das NPI ist aus der heilpädagogischen Bewegung heraus entstanden — es ist sozusagen eine Tochter der heilpädagogischen Bewegung, die sich jetzt nicht dem kranken Kinde, sondern dem kranken sozialen Organismus widmen möchte — eine Tochter, aber zu gleicher Zeit ein umfangreiches eigenes Gebiet. Umfangreich äußerlich — nicht innerlich, innerlich sind die Probleme genau gleich. Es war mir ein großes Glückserlebnis, daß wir uns nach so vielen Jahren wieder begegnen durften. Wie die Begegnung von anderen beurteilt wird, das ist für uns eine Sache, die wir ganz frei lassen wollen. Jeder kann sich über die Begegnung die Gedanken, die Gefühle, die Urteile bilden, die er selbst glaubt bilden zu müssen. Wir hoffen aber, daß wir zu dieser Weltbewegung, in die vielleicht einmal die Sache hinzielt, nicht gegeneinander, sondern miteinander gehen können. Obwohl die Aufgaben verschieden liegen, ist dasjenige, was dahinter steht, für mich wenigstens das gleiche. Wenn auch die Methoden verschieden sind, wird man sich mit Humor auch über gewisse Verschiedenheiten hinwegsetzen können − wozu zu sagen ist, daß gewisse Umstände auch andere Methoden verlangen. Ob das das letzte ist, ob wir vielleicht in zehn Jahren neue Methoden entwickelt haben werden − das hoffe ich sehr, aber wir sind nun eben doch nicht weiter, als wir sind. Wir sind auf dem Wege, und unfertig, wie wir sind, mitten in einer Entwicklung, sind wir uns begegnet; beiderseits − Ihr seid in einer Entwicklung und wir sind in einer Entwicklung. Und ich hoffe, daß diese Begegnung wieder für beide fruchtbar wird − wie, das wird die Zukunft ausweisen. Wir haben Geduld. Wenn man im Sozialpädagogischen arbeitet, lernt man mit großen Zeitstrecken zu rechnen. Man lernt einfach, daß man einen Vortrag hält und vier Jahre später zu einem Kurs eingeladen wird − dann hört man wieder nichts, und dann, neun Jahre später, bekommt man einen Anruf, daß man jetzt den nächsten Schritt machen möchte. An solche Zeitspannen in der Arbeit sind wir gewöhnt, und wir haben es gar nicht eilig, nun zu sagen: Das soll sofort weitergehen! Ich habe sogar das Gefühl, daß es sehr wichtig wäre, wenn jeder sich jetzt nach Hause begibt und da die Sache überdenkt und sich gar nicht beeilt, Entschlüsse zu fassen, wie es weitergehen soll. Das müssen eben doch die nächsten Jahre klären, ob eine Zusammenarbeit wieder fruchtbar sein könnte oder nicht. −

Nachwort
Von Wolfgang Garvelmann

Die hier vorliegenden Vorträge wurden anläßlich einer Tagung des Niederländischen Pädagogischen Institutes — NPI — mit der Vereinigung der Heil- und Erziehungs-Institute für Seelenpflege-bedürftige Kinder im Troxler-Haus in Wuppertal vom 30. März bis zum 4. April 1970 von Prof. Dr. B. C. J. Lievegoed, dem Initiator und Leiter des NPI, gehalten.

Das Bewußtsein und die Freude darüber, mit jedem Lievegoed-Vortrag teilhaben zu dürfen an aktueller Spiritualität, weckt unmittelbar auch den Wunsch, dieses Geschenk an möglichst viele weiterzugeben. Allerdings ist schon im allgemeinen die Umsetzung eines gesprochenen Vortrages in eine lesbare Wiedergabe problematisch, weil die persönliche „Interaktion" zwischen Redner und Zuhörer verlorengeht. Im Falle eines Lievegoed-Vortrages wird sie noch schwieriger, weil die wunderbare Lebendigkeit der Vorträge gerade dadurch zustande kommt, daß Worte und Sätze benutzt werden wie ein Stück Pastellkreide: Hier wird eine Form mit festem Strich angedeutet, dort ein weicher Übergang geschaffen — hier ein wenig ausgewischt und verwischt, was zu scharf konturiert schien. Ein durch und durch imaginatives Bilden mit Worten, das auch die Imaginationskraft des Zuhörers im reichsten Maße weckt, das aber wortwörtlich schriftlich festgelegt, stilistisch und grammatikalisch unmöglich wirkt.

Dem Vortragenden ist dies bewußt. Er hat darum auf die Frage, wie die Bandaufnahme am besten verwendet werden solle — die übrigens mit seinem und der Veranstalter ausdrücklichem Einverständnis erfolgte —, den Rat gegeben, Auszüge anzufertigen, die „intelligent, knapp und künstlerisch" seien. Nun, es zeigte sich bald, daß nicht zu viel gerafft werden durfte, sollte nicht die reizvolle Unmittelbarkeit der Sprache verloren gehen. Im übrigen wurde versucht, einen Kompromiß zu finden zwischen einer möglichst wörtlichen Wiedergabe und einer flüssigen Lesbarkeit. Frau Nitschke, Berlin, möchte ich dafür danken, daß durch ihre Aufzeichnungen eine Panne des Aufnahmegerätes (während des vierten Vortrages) überbrückt werden konnte.

Die Bearbeitung ist dem Vortragenden vorgelegt worden, sie wurde von ihm ergänzt und berichtigt.

Die Vorträge erschienen bisher im Manuskriptdruck; für die Buchveröffentlichung im "Info3"-Verlag wurden sie geringfügig überarbeitet.

Weitere Bücher
aus dem Info3~Verlag

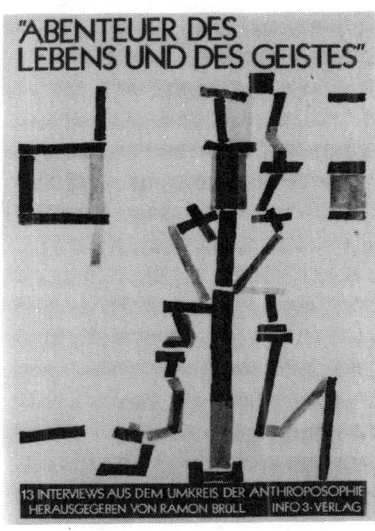

Ramon Brüll (Hrsg.)
"Abenteuer des Lebens und des Geistes"
13 Interviews
aus dem Umkreis der
Anthroposophie

128 Seiten, DM 12,80
ISBN 3-924391-02-5

B. C. J. Lievegoed
**Dem einundzwanzigsten
Jahrhundert entgegen**
Acht Vorträge, gehalten
in Spring Valley, 1965

112 Seiten, DM 14,80
ISBN 3-924391-03-3

Die Bücher aus dem Info3-Verlag sind erhältlich im Buchhandel

128